Georgia & Holger Mix

KOST *Paar* ZEITEN

Das Andachtsbuch
für frisch Verheiratete

SCM Hänssler

SCM
Stiftung Christliche Medien

SCM Hänssler ist ein Imprint der SCM Verlagsgruppe, die zur Stiftung Christliche Medien gehört, einer gemeinnützigen Stiftung, die sich für die Förderung und Verbreitung christlicher Bücher, Zeitschriften, Filme und Musik einsetzt.

3. Auflage 2021

© 2019 SCM Hänssler in der SCM Verlagsgruppe GmbH
Max-Eyth-Straße 41 · 71088 Holzgerlingen
Internet: www.scm-haenssler.de; E-Mail: info@scm-haenssler.de

Falls nicht anders vermerkt,
wurden alle Bibelverse folgender Ausgabe entnommen:
Neues Leben. Die Bibel, © der deutschen Ausgabe 2002 und 2006
SCM R.Brockhaus in der SCM Verlagsgruppe GmbH, Witten/Holzgerlingen

Weiter wurden verwendet:
Lutherbibel, revidierter Text 1984, durchgesehene Ausgabe in neuer Rechtschreibung, © 1999 Deutsche Bibelgesellschaft, Stuttgart. (LUT)

Hoffnung für alle ® Copyright © 1983, 1996, 2002, 2015 by Biblica, Inc.®. Verwendet mit freundlicher Genehmigung des Herausgebers
Fontis – Brunnen Basel. (HFA)

Gute Nachricht Bibel, revidierte Fassung, durchgesehene Ausgabe in neuer Rechtschreibung, © 2000 Deutsche Bibelgesellschaft, Stuttgart. (GNB)

Gesamtgestaltung: Kathrin Spiegelberg, Weil im Schönbuch
Titelbild: Designed by Freepik
Druck und Verarbeitung: Finidr s.r.o.
Gedruckt in Tschechien
ISBN 978-3-7751-5950-0
Bestell-Nr. 395.950

Für Marie, Hannah und Lilly

Inhaltsverzeichnis

Vorwort 7

Woher
1. Der Streit ums Duschhandtuch 10
2. Ein Blick in den Rückspiegel 12
3. So will ich nie werden! 15
4. Wir und unsere Eltern 17

Wohin
5. Wissen, wohin die Reise geht 22
6. Nicht vergessen 25
7. Ihr Kinderlein kommet 28
8. Schlawiner-Würstchen 31
9. Die perfekte Ehefrau 34
10. Auf ins Abenteuer Nachfolge! 37
11. Zersorgen 40
12. Bleibt alles anders 44

Mit wem
13. Mit Jesus auf der Beratungscouch 48
14. Meine Freunde, deine Freunde 51
15. Ein Spiegelbild Gottes 54
16. Eine Gottesbegegnung im Auto 57
17. Die Self-pity-Party 60
18. Gläubig genug? 63
19. Durch den Sturm 66
20. Das wichtigste Anliegen 69
21. Chillen oder beten? 72
22. Filterglaube 75
23. Jesus in unserem Haus 78
24. Wahre Liebe 81

25. Gemeinsam sind wir stark	84
26. Einmal ein Held sein	87

Wie

27. Ja mit Gottes Hilfe	92
28. Meine Beziehungstür	95
29. Betend streiten	98
30. Liebe ist wie Fahrradfahren	101
31. Wie kann man nur ...?	104
32. Man erntet, was man sät	107
33. Grenzgänger oder Grenzvermeider	110
34. Wer hat die Hosen an?	113
35. Verletzungen vorprogrammiert	117
36. Geliebt	120
37. Geachtet	123
38. Ist doch ganz einfach!	126
39. Marionette oder Rebell	129
40. Herzwärts	132
41. Einfach mal nix tun	135
42. Trotzdem begehrt	138
43. Genießer-Tage	141
44. Von To-do-Listen und Terminkalendern	144
45. Ich hätte so gerne ...	148
46. 1+1=1	151
47. Meine Mauer	154

Was

48. One day, baby, we'll be old	158
49. Let's talk about Sex	161
50. Ich liebe Sex	164
51. Money, money, money ...	167
52. Wenn die Gartenbank zur Prio Nr. 1 wird	170

Anmerkungen

173

Vorwort

»Du Schatz, wollen wir miteinander beten?«, fragt meine Frau mich an unserem Eheabend. »Och nööö«, denke ich. »Dazu habe ich gerade keine Lust. Ich hatte ganz was anderes im Kopf.« Sage ich ihr aber nicht. Stattdessen räkele ich mich unbeholfen auf dem Sofa. »Joah, können wir machen«, höre ich mich zögerlich murmeln und behalte den Rest schweigend für mich.

»Magst du nicht?«, fragt meine Frau leicht verunsichert. Nun bin ich doch gefordert, offen zu sein. »Naja, ich hatte eigentlich gerade an etwas ganz anderes gedacht«, gebe ich zu. »Du denkst auch immer nur an *das Eine*!«, spricht mir meine Frau prophetisch zu und ich sage laut: »Ja und?«

In vielen Ehen bleibt der gemeinsame Glaube auf der Strecke. Miteinander zu beten fällt schwer und an das gemeinsame Bibellesen ist kaum zu denken.

Bei uns in der Ehe ist der gemeinsam gelebte Glaube aus der Not heraus entstanden. Wir haben es uns anfangs recht schwer miteinander gemacht und konnten häufig nur noch rufen: »Herr, hilf uns!« Wir lagen Gott mit unserer Not in den Ohren. »Herr, halt dem anderen endlich die Wahrheit vor Augen! Zeig ihm, dass er falschliegt!«, klagten wir Gott und hofften, dass er eingriff. Und wir haben erlebt: Er tat es – nur etwas anders als erwartet. Heute *genießen* wir es, miteinander verheiratet zu sein. Und dass wir das so erleben, ist wohl in erster Linie Gottes Gnade. Wir sind kein heiliges Vorzeigeehepaar. Unser Leben ist sehr geerdet. Oft muss Jesus sich noch immer mit Ellenbogen Gehör verschaffen. Aber wir haben erlebt, dass dieser Gott eine solide Basis in unserer Ehe ist – in guten wie in schlechten Zeiten. Er ist eine Hoffnung, die in unserem Leben schon jetzt Realität ist. So drückt es auch der Bibelvers aus, den wir als Trauvers über unsere Ehe gesetzt haben:

> Ich bin ganz sicher, dass Gott, der sein gutes Werk in euch angefangen hat, damit weitermachen und es vollenden wird bis zu dem Tag, an dem Christus Jesus wiederkommt.
>
> Philipper 1,6

Gott geht mit uns und *er* wird sein Werk vollenden. Das macht uns Mut in allen Hoch-Zeiten und Tiefpunkten. Es kommt weniger auf unsere Begabung an, sondern darauf, ob *er* Raum in unserer Ehe einnehmen darf. Dieses Buch soll junge Ehepaare darin unterstützen. Denn durch die Ehe kann sich unser Glaube noch einmal ganz neu entfalten. Wir leben und glauben nun nicht mehr allein, sondern dürfen uns gemeinsam auf den Weg machen, Jesus Christus nachzufolgen.

Dazu haben wir junge Ehepaare gefragt: »Was bewegt euch in den ersten Monaten und Jahren eurer Beziehung?« Viele dieser Gedanken haben wir aufgegriffen und überlegt, welche Impulse die Bibel dazu gibt. Herausgekommen ist dieses Buch mit 52 Andachten, die zu einer gemeinsamen Zeit mit Gott einladen. Die Themen dazu sind in fünf Rubriken eingeteilt: Die ersten beiden Kategorien *Woher* und *Wohin* machen deutlich, dass wir eine Vergangenheit haben und die Zukunft offen vor uns liegt. Unter der Rubrik *Mit Wem* finden sich Gedanken über Gottes gemeinsamen Weg mit uns. Unter den letzten beiden Fragestellungen *Wie* und *Was* sind Themen zusammengefasst, welche die Art und Weise des gemeinsamen Umgangs betreffen. Das Buch braucht daher nicht chronologisch gelesen zu werden. Jede Andacht steht für sich.

Wir hoffen, dass dieses Buch euch inspiriert und miteinander ins Gespräch bringt. Denn darum geht's. Nicht um fromme Pflichterfüllung oder um ein richtiges Verhalten, sondern um eine gemeinsame Zeit in der Gegenwart Gottes. Gott braucht unsere Andachten und Gebete nicht, aber uns kann die gemeinsame Zeit mit Gott zu einer wahren *Kost-Paar-Zeit* werden.

Wir wünschen euch dazu Gottes Segen

Georgia und Holger Mix

Woher

1. Der Streit ums Duschhandtuch

In unserer Ehe gab es anfangs Situationen, die mir lange zu peinlich waren, als dass ich darüber hätte sprechen können. Gerade weil sich die Geschichten aus gefühlten Nichtigkeiten gespeist haben.

Eine davon handelt von einem Duschhandtuch. Und mit dem Singular beginnt auch schon das Problem. Nachdem wir zusammengezogen waren, hatten wir genau ein Duschhandtuch in unserem Badezimmer. Das war mir zu wenig. Auch wenn ich zu manchen Kompromissen bereit bin: Ein Handtuch, das nach dem Duschen meiner Frau auch noch nass war, das ging dann doch zu weit. Also holte ich mir ein zweites dazu. Damit war aber meine Frau nicht einverstanden. Ihre Devise war meiner Meinung nach: ein Paar, ein Fleisch, ein Handtuch. Und schon hatten wir einen Konflikt, den wir klären mussten. Manchmal kann man keine Kompromisse schließen: Mit einem halben Handtuch wäre ich nicht zufrieden gewesen. Und ich wollte auch nicht zwingend vor meiner Frau duschen.

Es gibt Themen, die wir als Gewohnheiten ganz selbstverständlich mit in die Ehe bringen. Und das ist auch gut so. So kann jeder die Ehe prägen und bereichern. Schwierig wird es dort, wo bewusst oder unbewusst unterschiedliche Gewohnheiten oder Sichtweisen aufeinanderprallen. Was tun?

Ich finde es immer wieder hilfreich, dann nicht in Grabenkämpfe zu verfallen nach dem Motto: Wer hat mehr recht? Wer hatte sowieso schon immer die bessere Idee? Oder: Welche Familie war und ist die bessere? Vielmehr kann die Devise sein: Wie wollen wir es machen? Welche Gewohnheiten, Prägungen und Sichtweisen wollen wir etablieren?

Diese Perspektive kann Spaß machen: Jeder darf seine Erfahrungen und Gewohnheiten beisteuern. Jeder darf sagen, was er gut oder nicht so gut daran findet. Und das können wir gegenseitig wahrnehmen und respektieren. Die Bibel rät hier:

> Seid bescheiden und achtet die anderen höher als euch selbst. Denkt nicht nur an eure eigenen Angelegenheiten, sondern interessiert euch auch für die anderen und für das, was sie tun.
>
> Philipper 2,3b–4

Das bedeutet nicht, dass ich zu allem, was der andere will, »Ja und Amen« sage! Ich darf und muss mich mit einbringen. Ich darf und soll mich und meine Wünsche gerade nicht aufgeben: Denn nur so kann der andere uns und unsere Wünsche und Ansichten kennenlernen. Es bedeutet aber auch, dass ich die Ansichten des anderen respektiere und nicht nur darum kämpfe, meine Sichtweise durchzusetzen. Ich darf auch die Perspektive des anderen einnehmen und ihr mit Interesse begegnen. Und dann lösen sich Auseinandersetzungen manchmal wie von selbst. Auf einmal wird klar: Es geht gar nicht um Prinzipien oder gegensätzliche Ansichten, sondern um ganz andere Dinge.

Übrigens: Wir haben heute zwei Duschhandtücher: Bei uns ging es einfach um einen fehlenden zweiten Haken. Manchmal hilft es auch einfach, miteinander zu reden …

Anregungen für das Gespräch

- Welche Gewohnheiten aus eurer Herkunftsfamilie findet ihr toll (z. B. Geburtstage, Feiern, Urlaube)? Welche mögt ihr nicht?
- Wo nehmt ihr beim anderen Gewohnheiten wahr, die euch inspiriert haben?
- Wo gibt es welche, die euch herausfordern?

Einladung zum Gebet

Jesus, wir danken dir für unsere Unterschiedlichkeit. Das ist herausfordernd. Aber dadurch können wir unsere Komfortzone verlassen und unser Gebiet erweitern. Schenke uns immer wieder diese Perspektive. Amen.

2. Ein Blick in den Rückspiegel

Ein frisch verheiratetes Ehepaar lädt die Familie zum Essen ein. Das junge Paar bereitet einen schönen Salat und wunderbare Ofenkartoffeln zu. Darüber hinaus soll es Würstchen geben. Dazu schneidet die junge Frau ganz selbstverständlich die Würstchenenden jeweils an beiden Seiten ab und brät alles in der Pfanne. Der Ehemann ist erstaunt: »Warum schneidest du die Würstchen kaputt?« Sie kontert barsch: »Weil man das halt so macht!« Als die Eltern und Großeltern am wunderbar gedeckten Tisch sitzen und die Ehefrau die Würstchen serviert, ist die Oma ganz erstaunt: »Ach, habt ihr immer noch die kleine Pfanne?«

Manche Gewohnheiten übernehmen wir einfach ganz unreflektiert. Wir denken gar nicht darüber nach und hinterfragen es auch nicht. Das ist einfach so, war ja immer so und soll auch so bleiben. Wir lieben Muttis Bolognese-Soße und das Mineralwasser vom Discounter unseres Vertrauens. Und dann kommt plötzlich unser Ehepartner – und der bringt alles durcheinander. Er bringt ganz andere Gewohnheiten und Prägungen mit und beginnt womöglich auch noch damit, unsere zu hinterfragen. Und plötzlich ist gar nichts mehr so selbstverständlich und klar.

Unsere Herkunftsfamilie, also die Familie, in der wir aufgewachsen sind, prägt uns in unseren Gewohnheiten und in unserer Persönlichkeit. Im Rückblick auf unsere Vergangenheit können wir einiges über uns lernen. Das wird auch in der Bibel deutlich, so auch in 1. Mose 25,22-26:

> Rebecca wurde schwanger. Die beiden Kinder in ihrem Leib stießen sich jedoch und sie seufzte: »Warum muss mir so etwas passieren?« Sie befragte deshalb den Herrn. Der Herr antwortete ihr: »Zwei Völker sind in deinem Bauch und zwei Nationen werden sich aus deinem Innern trennen. Das eine Volk wird stärker sein als das andere und der Große wird dem

Kleinen dienen.« Und als die Zeit da war, brachte Rebekka Zwillinge zur Welt. Der erste war am ganzen Körper mit rötlichen Haaren bedeckt. Deshalb nannten sie ihn Esau. Dann kam sein Bruder zur Welt. Er hielt mit der Hand die Ferse von Esau umklammert. Deshalb nannten sie ihn Jakob.

Aus der Sicht von Jakob ist dieser Bericht seiner frühsten Kindheit sehr aufschlussreich. Es erzählt viel über sein Wesen. Jakob, der knapp Jüngere, der schon immer im Kampf mit seinem Bruder stand. Der seinen Bruder um den väterlichen Segen betrügt und später selbst von seinem Schwiegervater betrogen wird: Jakob, der Betrüger und der Kämpfer.

Solch ein Rückblick ist wertvoll, weil er vieles über eine Person aussagt. Solch ein Blick in den Rückspiegel ist auch für uns wertvoll, um uns selbst besser zu verstehen. Je besser wir uns selbst kennen, umso einfacher machen wir es uns und unserem Ehepartner. Umso leichter können wir einen guten gemeinsamen Konsens finden in all unseren Alltagsherausforderungen. Wir lernen zu verstehen, warum wir in bestimmten Situationen wie ticken und handeln. Aber darüber hinaus können wir im Austausch auch unseren Partner immer besser verstehen.

Wichtig ist dabei, dass es kein Richtig oder Falsch gibt. Das Ziel lautet immer, dass wir uns besser kennen- und verstehen lernen. Und es ist übrigens ziemlich spannend, weil wir gemeinsam im Rückblick vielleicht auch eine Ahnung von dem erhalten, was Gott in uns und unser Leben gelegt hat; was er eventuell noch mit uns vorhat. So wie bei Jakob. Der Kämpfer, der am Ende am Fluss Jabbok auch gegen Gott kämpft und seine neue Identität erhält (1. Mose 32,29):

Du sollst nicht länger Jakob heißen. ... Von jetzt an heißt du Israel. Denn du hast sowohl mit Gott als auch mit Menschen gekämpft und gesiegt.

Auch wir können mit Gott ringen: gemeinsam in unserer Ehe, aber auch jeder für sich selbst. Wir sind nicht Sklaven unserer Vergangenheit, der Prägungen und Gewohnheiten. Miteinander können wir getrost in die gemeinsame Zukunft schauen und erwartungsvoll auf das blicken, was Gott damit vielleicht noch vorhat.

Anregungen für das Gespräch

- Jakob ist der Kämpfer und Betrüger. Welche Worte kannst du aus deiner Rückschau über deine Persönlichkeit schreiben?
- Wo ringst du mit Gott? Wie könnte dein Name einmal heißen?

Einladung zum Gebet

Jesus Christus, wir danken dir, dass du unser ganzes Leben vor Augen hast. Du kennst das, was wir im Rückspiegel betrachten, und du siehst bereits, was vor uns liegt. Zeige du uns, was im Rückblick für uns wichtig ist, weil es uns einen Hinweis auf unsere Zukunft geben kann. Danke, Jesus. Amen.

3. So will ich nie werden!

»Das mochte ich in meiner Familie damals nie. Das machen wir ganz anders!« Mit dieser Grundhaltung sind wir in unsere Ehe gestartet. Das Tolle an einer neuen Partnerschaft ist die Chance, es ganz anders zu machen. Endlich sind wir zusammen: Nun geht es los! Jetzt wird alles besser.

Aber schnell wird klar: Ich bringe mich selbst mit! Ich war damals ein Teil meiner Herkunftsfamilie und diesen Teil bringe ich mit in die neue Ehe, ob ich das gut finde oder nicht. Und damit kann es schon mal gar nicht ganz anders werden. Das ist nicht immer förderlich für die gewünschten neuen Wege.

Besonders demütigend ist es, wenn der Partner uns auf Angewohnheiten aufmerksam macht, die wir gerade nicht mit in die neue Ehe bringen wollten. Meine erste Reaktion ist dann meist: »Nein, so bin ich gar nicht. Stimmt ja gar nicht. Du bist selbst doof.« Aber bei einer ersten Reflektion merke ich oft, dass ich wirklich Dinge mache, die ich ganz anders machen wollte. Warum ist das so? In Lukas 9,62 sagt Jesus:

> Wer beim Pflügen nach hinten schaut,
> den kann Gott in seinem Reich nicht brauchen.

Das gilt auch für die Ehe. Wo wir ständig nach hinten schauen, da kann nichts Neues beginnen. Wenn wir nicht werden wollen wie unsere Eltern, dann dürfen wir diese nicht ständig in unser Blickfeld rücken. Wenn wir das Verhalten, das wir nicht wollen, als Vergleich und Abbild benutzen, kommen wir nicht weiter. Solche Menschen können nichts Neues gestalten und auch nicht in der Ehe zu neuem Verhalten aufbrechen. Negative Sätze wie »Das will ich nicht mehr machen« helfen uns nicht weiter.

Hilfreich kann es sein, sich ganz bewusst von diesen Nicht-Sätzen zu verabschieden und unsere positiven Vorstellungen zu formulieren.

Uns selbst haben neue Vorbilder, neue Modelle und Gedanken viel weitergebracht als lästige Abgrenzungen. Wo erleben wir Ehen und Familien in unserem Umfeld, die uns inspirieren? Daran dürfen wir uns orientieren.

Anregungen für das Gespräch

- Kennt ihr Sätze wie »So will ich nie werden«?
- Welche Prägungen wollt ihr loswerden?
- Wo erkennt ihr Verhaltensweisen beim anderen, die euch an dessen Herkunftsfamilie erinnern?
- Formuliert positive Sätze, die euer gemeinsames Leben beschreiben:
    - Wenn wir streiten, wollen wir …
    - Wenn wir vor Entscheidungen stehen, wollen wir …
    - Wenn wir uns unverstanden fühlen, wollen wir …
    - Wenn wir gestresst sind, wollen wir …
    - Wenn uns etwas am anderen stört, wollen wir …

Einladung zum Gebet

Jesus Christus, vielen Dank für die vielen Schätze, die wir an Verhaltensweisen und Prägungen mit in die Ehe bringen. Du kennst aber auch so manche Mitbringsel, die wir nicht weiter mitschleppen wollen und die wir dennoch nicht loswerden. Wir bringen dir nun unser Nicht-Wollen, unser Zurückschauen und unser Abgrenzen-Wollen. Wir nennen dir unsere ganzen alten (Ver-)Bindungen: _____ Wir geben sie dir und lassen sie los. Schenke uns positive Ideen, wie wir gemeinsam neue Wege gehen können. Amen.

4. Wir und unsere Eltern

»Inwieweit dürfen wir uns als Ehepaar eigentlich von unseren Eltern abgrenzen?« Jens und Sara, ein junges Ehepaar, schauen uns erwartungsvoll an. Die Mutter von Jens war es bisher gewohnt, dass ihr ältester Sohn ihr immer mitteilt, wo er sich befindet und was er gerade tut. Sie möchte das aus ganz liebevoller und fürsorglicher Motivation heraus wissen. Jens entspricht ihrem Bedürfnis. Sara leidet darunter und erlebt diese Momente als einengend. Immer wieder gibt es Streit, weil sich Sara über Jens und seine Mutter ärgert. Jens hingegen kann Sara nicht verstehen und verteidigt seine Mutter: »Sie meint es doch nur gut!«

Die Bibel nimmt die Beziehung eines jungen Ehepaares zu den Eltern gleich am Anfang des Alten Testamentes auf, und zwar in 1. Mose 2,24:

> Das erklärt, warum ein Mann seinen Vater und seine Mutter verlässt und sich an seine Frau bindet und die beiden zu einer Einheit werden.

Dieser Vers gleich zu Beginn der Bibel steht quasi wie ein Segenswort über dem Anbeginn jeglicher Ehe-Beziehungen. Damals war es selbstverständlich, dass die Frauen ihr Elternhaus verließen, um zu der Familie des Ehemannes zu ziehen. Von der Frau wurde erwartet, dass sie Vater und Mutter verlässt. Dass hier nun explizit der Mann angesprochen wird, macht deutlich, wie wichtig dieses Verlassen der Eltern für beide Eheleute ist. Und das ist nicht nur räumlich zu verstehen, sondern ganzheitlich, also auch emotional.

Wir verlassen bewusst unsere bisherigen Autoritätspersonen, binden uns an unseren Ehepartner und werden zu einer Einheit. Dies vollzieht sich nicht plötzlich, sondern ist vielmehr ein Prozess. Solche emotionalen Bindungen sind nicht immer einfach zu erkennen, gerade wenn sie als positiv, liebevoll und fürsorglich empfunden werden.

Es ist gut, wenn uns unsere emotionale Verbundenheit zu unseren Eltern deutlich wird. Denn dann können wir in Absprache mit unserem Ehepartner umso freier die Beziehung zu unseren Eltern gestalten.

Es kann sein, dass diese neue Art der Abgrenzung nicht immer auf das Verständnis unserer Eltern stößt. Das bedeutet jedoch nicht, dass unser Nein falsch sein muss. Es wird unserer neuen Einheit zu unserem Ehepartner nicht helfen, wenn wir aus falsch verstandenem Harmoniebedürfnis heraus unser Nein zurückhalten. Das könnte auch die Neugestaltung der Beziehung zu den Eltern und Schwiegereltern behindern. Je klarer wir kommunizieren, umso leichter machen wir es unserer jungen Ehe und unseren Eltern.

Jens und Sara konnten ihre Bedürfnisse im Gespräch miteinander teilen. Sie lernten, einander zu verstehen. Miteinander fanden sie neue Wege. So erklärte Jens seiner Mutter, dass er ihre Fürsorge zwar sehr schätzt und das dankbar wahrnimmt. In Zukunft möchte er sich daher alle zwei Wochen bei ihr melden, um ihr ein Lebenszeichen zu geben. Doch innerhalb dieser Zeit wird er der Mutter nicht mehr sagen, was sie tun und wo sie sich gerade befinden.

Als junges Ehepaar, das gemeinsam zu einer Einheit zusammenwachsen möchte, ist es wichtig, unsere gemeinsamen Grenzen abzustecken. Das passiert nicht von selbst, sondern das müssen wir lernen. Wir gestalten damit unseren Schutzraum und übernehmen Verantwortung für unsere Ehe.

Wie ein kleiner, zarter Baum, der im Wachstum durch Pfähle geschützt wird, braucht auch unsere junge Ehe einen Schutzraum, der uns ermöglicht zu wachsen. Diesen Schutzraum können nur wir selbst setzen. Wir sind herausgefordert, diese Abgrenzung selbst zu schaffen. Die Verantwortung dafür tragen alleine wir.

Anregungen für das Gespräch

- Wie geht es dir in der Beziehung zu deinen Eltern/Schwiegereltern?
- Was brauchen wir, um mit ihnen und miteinander in Zukunft (weiterhin) gut auszukommen?
- Wie können wir zusammen einen guten Schutzraum für unsere Ehe gestalten?

Einladung zum Gebet

Jesus Christus, danke für unsere Eltern und danke für unsere neue Ehebeziehung. Bitte hilf uns, das Miteinander mit unseren Eltern verantwortungsvoll zu gestalten. Amen.

Wohin

5. Wissen, wohin die Reise geht

> Herr, zeige mir den richtigen Weg, damit ich nach deiner Wahrheit lebe! Gib mir das Verlangen ins Herz, dich zu ehren.
>
> Psalm 86,11

»Willst du mit mir gehen?« Ich weiß noch genau, wann und wo ich diese Frage meiner Frau gestellt habe. Solche spannenden Momente vergisst man nicht. Und eines weiß ich auch noch ganz genau: Ich hatte damals die Frage um zwei Inhalte erweitert, die mir wichtig waren. Ich sagte zu ihr: »Bevor du antwortest, sollst du zwei Dinge wissen: Erstens: Ich werde Pastor. Und zweitens: Ich werde wohl nie viel Geld haben.«

Zum Glück hat meine Frau damals »Ja« gesagt. Aber spannend war der Moment schon. Mir war klar, dass diese beiden Zusätze nicht zwingend meine Attraktivität erhöhten. Aber ich wollte meiner Frau reinen Wein einschenken. Mein Eindruck war zwar, dass Georgia sowieso so mit Adrenalin und Glückshormonen gefüllt war, dass sie gar nicht nüchtern entscheiden konnte. Sie wollte einfach gerne mit mir zusammen sein. So würde ich das heute rückblickend zusammenfassen.

Aber wenn auch das Ausmaß meiner Ansage damals noch unklar war, diese Klarheit hilft uns beiden bis heute. Wir wissen, was unsere Grundberufung ist; unser Sinn, unser gemeinsamer Weg. Das ist wirklich befreiend. Wir haben uns bewusst für diesen Weg entschieden mit allen Konsequenzen.

Damit ist nicht alles geklärt: Wo genau wird uns das hinführen? Was bedeutet das, wenn ich Pastor bin? Was bedeutet es, »wenig Geld zu haben«? Das war uns beiden nicht klar und ist es manchmal auch immer noch nicht. Wir müssen das auch heute noch durchbuchstabieren. Aber wir haben eine gemeinsame Grundlage für unseren gemeinsamen Weg. Das ist sehr hilfreich und befreiend.

Mut für die gemeinsame Planung

Bei manchen Paaren merken wir, dass jeder sein eigenes Ding macht und einfach so vor sich hinlebt. Ein Freund sagte mir einmal: »Irgendwie hatte ich die Ausbildung fertig, dann haben wir geheiratet, das Haus gebaut und Kinder bekommen. So richtig gut fühlt sich mein Job nicht an. Aber ich habe darüber noch nie nachgedacht.« Mich hat diese Aussage etwas schockiert. Mein Freund hat noch 30 Jahre vor sich. Will er die einfach weiter so absitzen?

Ich bin in vielem auch nicht so klar, wie ich es damals war, als ich meiner heutigen Frau die entscheidende Frage gestellt habe. Dennoch bin ich dankbar, dass von Beginn unserer Beziehung an gemeinsame Gespräche über unsere Zukunftspläne möglich waren. Dadurch erleben wir keine latente Unzufriedenheit in unserer Lebensplanung.

Gott einbeziehen

Wir dürfen als Paar ganz offen über unsere Pläne und Wünsche ins Gespräch kommen. Wir dürfen aber auch Gott in unsere Planung miteinbeziehen und ihn bitten, dass er uns Wege aufzeigt. »Herr, zeige mir den richtigen Weg, damit ich nach deiner Wahrheit lebe!« So betet es der Psalmbeter. Und das dürfen wir auch. Egal, in welcher Situation wir uns gerade befinden, wir können zu Gott sagen: »Herr, zeige uns den richtigen Weg! Was hast du für uns vorbereitet?«

Das Gespräch über unsere Zukunftsgedanken ist ein erster guter Schritt. Aber zu diesem Zweiergespräch dürfen wir noch um Gottes Perspektive bitten. Ich stelle mir in diesen Momenten immer vor, dass Gott unsere ganze Ehe vor Augen hat: sowohl die Vergangenheit als auch die Zukunft. Und dann dürfen wir um seine Sicht der Dinge bitten.

Hilfreich sind für uns dabei Momente, in denen wir etwas mehr Zeit haben: im Urlaub oder zwischen den Jahren. Diese Zeiten nehmen wir gerne zur Reflexion und Planung. Es ist für uns hilfreich, die Gespräche über unsere Zukunft zuerst mit einem Gebet zu beginnen. Wenn wir uns auf Gott ausrichten, erweitert sich unser Horizont und wir bekommen eine neue Perspektive.

Interessant ist übrigens, dass der Psalmbeter in dem Vers nicht nur für *irgendwelche* Wege betet. Seine Wege sollen ein Ziel haben: Sie sollen Gott ehren. Das klingt erst mal befremdlich: Was bedeutet das, Gott zu ehren? Wie geht das? Will ich das überhaupt?

Doch er betet weiter: »Gib mir ein Verlangen ins Herz, dich zu ehren.« Wir müssen nicht gleich für eine göttliche Perspektive beten, sondern können Gott auch erst einmal um diese geistliche Sicht bitten: »Wecke in uns den Wunsch danach, dass wir dich mit unserem Leben ehren *wollen*, denn wir haben diese Perspektive überhaupt nicht vor Augen.«

Anregungen für das Gespräch

- Träumt und spinnt erst einmal miteinander. Und dann habt auch Mut, gemeinsame Pläne zu schmieden:
  - Wie wollt ihr in 10 Jahren leben? Was soll passiert sein?
  - Ist euer Job eure Berufung? Seid ihr glücklich damit?
  - Was wollt ihr noch erreichen? Im Job? In der Ehe? Kinder?

Einladung zum Gebet

Jesus Christus, wir wollen unseren Lebensplan bewusst beschreiten und diesen Weg mit dir gehen. Zeige uns den Weg, der zum Leben führt. Deine Möglichkeiten sind unbegrenzt. Mit dir und durch dich haben wir in allen Unsicherheiten einen Orientierungspunkt. Danke dafür. Amen.

6. Nicht vergessen

Die Voraussetzungen sind wunderbar. Ihnen steht eine gemeinsame Zukunft bevor: kleines Haus, ein paar Kinder; er arbeitet als Zimmermann, sie bleibt zu Hause. So muss es Josef damals ergangen sein: Josef, der seine Maria heiraten wollte. Und plötzlich wird klar, dass Maria anscheinend andere Pläne hat. Sie hat offenbar auf einmal *die* Berufung ihres Lebens gefunden. Sie würde schwanger werden mit dem Retter der Welt. Ja klar! Von wem denn? Schwanger vom Heiligen Geist? Wie verrückt ist das denn? Abstrakter geht es ja gar nicht. Und was macht Josef?

Josef, der genau wie Maria in Beziehung zu Gott lebt, wird mit dieser Situation konfrontiert. Wie kann er diese verzwickte Situation nur lösen? Und er dachte darüber nach: einmal, zweimal, viele Male.

Kennst du das? Diese ewigen und andauernden Gedanken, den Versuch, ein Problem zu lösen, das aus menschlicher Sicht unlösbar erscheint und uns vielleicht sogar auf abstruse Lösungswege bringt. So stelle ich mir das bei Josef vor. Er kommt in seinem Gedankenwust nur zu einem Ergebnis: Er muss sie verlassen! Heimlich! Doch dann geschieht es:

> Josef aber, ihr Mann, der fromm und gerecht war und sie nicht in Schande bringen wollte, gedachte, sie heimlich zu verlassen. Als er noch so dachte, siehe, da erschien ihm ein Engel des Herrn im Traum und sprach: Josef, du Sohn Davids, fürchte dich nicht, Maria, deine Frau, zu dir zu nehmen; denn was sie empfangen hat, das ist von dem Heiligen Geist. Und sie wird einen Sohn gebären, dem sollst du den Namen Jesus geben, denn er wird sein Volk retten von ihren Sünden. Das ist aber alles geschehen, auf dass erfüllt würde, was der Herr durch den Propheten gesagt hat, der da spricht (Jesaja 7,14): »Siehe, eine Jungfrau wird schwanger sein und einen Sohn gebären, und sie werden ihm den Namen Immanuel geben«, das heißt

übersetzt: Gott mit uns. Als nun Josef vom Schlaf erwachte, tat er, wie ihm der Engel des Herrn befohlen hatte, und nahm seine Frau zu sich. Und er erkannte sie nicht, bis sie einen Sohn gebar; und er gab ihm den Namen Jesus.

Matthäus 1,19–25 (LUT)

Was macht Gott? Er hätte doch einfach einen Engel an beide senden können, um ihnen gleichzeitig seine Pläne zu offenbaren. Doch das tut er nicht. Er holt Josef nicht gleich aus dieser unlösbaren Spannung heraus. Der Engel begegnete erst einmal nur Maria – und Josef bleibt vorerst außen vor.

Doch das bedeutet nicht, dass Gott Josef vergessen hat. Er hat seinen eigenen Zeitplan mit Josef. Er begegnet ihm auf eine andere Art. Vielleicht auf die Art, die Josef entspricht: Im Traum. »Fürchte dich nicht!«, beruhigt er ihn und sagt damit sinngemäß: »Hab keine Angst vor all den Unsicherheiten und Fragen, die sich dir stellen. Ich bin bei dir. Ich habe einen Plan und ich habe noch alles in der Hand!« Und im weiteren Verlauf erklärt er Josef all diese konfusen Geschehnisse.

Wie oft wünsche ich mir diese Klarheit in den unlösbaren Momenten meines Lebens. Ich glaube, dass Gott auch heute noch auf diese Weise zu uns sprechen kann. Doch meist erlebe ich, dass er Spannungen nicht gleich löst, sondern sich gemeinsam mit uns – durch diese Zeit hindurch – auf den Weg macht.

Es muss nicht immer gleich so krass sein wie bei den beiden. Seitdem ich mit Holger verheiratet bin, sind wir an unterschiedliche Orte gezogen, an denen Holger als Pastor arbeiten konnte. Jedes Mal war für mich unklar, wie es dort für mich weitergeht. Solche Situationen können erst einmal ängstigen: »Schön und gut, dass du für meinen Ehemann solch wunderbare Pläne bereithältst. Aber was ist mit mir, Herr? Hast du mich vergessen?«

Die Geschichte von Josef ermutigt mich, dass Gott immer mit beiden Partnern seinen Plan hat. Er vergisst keinen von ihnen. Vielleicht hat er ein unterschiedliches Timing und auch unterschiedliche Arten, dem Einzelnen zu begegnen. Aber er vergisst niemanden. Und beiden gilt: »Fürchte dich nicht!«

Anregungen für das Gespräch

- Welche Gedanken habt ihr im Hinblick auf eure Zukunft?
- Kennt ihr Situationen, in denen ihr den Eindruck habt, dass Gott euch in der gemeinsamen Zukunftsplanung vergessen hat?
- Wie könnt ihr einander darin gut unterstützen?

Einladung zum Gebet

Jesus Christus, du kennst unsere Situation. Wir danken dir, dass du uns ermutigst und immer für uns beide deinen Plan hast. Bitte hilf uns bei dem Thema und begegne uns beiden, damit wir gemeinsam gute Entscheidungen treffen können. Amen.

7. Ihr Kinderlein kommet

> Seid fruchtbar und mehret euch und füllet die Erde.
> 1. Mose 9,1 (LUT)

Kurz nach meinem dreißigsten Geburtstag flogen Holger und ich nach Tunesien. Das Thema *Kinder* stand unausgesprochen im Raum. Mir war klar, dass ich Kinder haben wollte, und ich wusste, dass Holger das ebenfalls wichtig war. Doch was den Zeitpunkt betraf, da waren wir uns noch nicht einig. Mittlerweile bauten sich viele Ängste in mir auf: Was ist, wenn Holger noch immer warten will? Was ist, wenn wir dann zu lange gewartet haben und es nicht mehr klappt? Ich war so ängstlich und verkrampft, dass meine Versuche, an diesem wunderschönen Urlaubsort über das Thema zu sprechen, immer wieder mit Tränen endeten.

Das Thema *Kinder* ist ein ganz sensibles und existenzielles Thema, bei dem es manchmal gar nicht so einfach ist, miteinander im Gespräch zu sein. In 1. Mose 9,1 spricht Gott uns als Ehepaar zu: »Seid fruchtbar und mehret euch.« Doch wie können wir mit dieser Aufforderung verantwortungsvoll umgehen?

Unsere Familienplanung

Jeder von uns bringt seine eigenen Gedanken und Gefühle zum Thema *Kinder* mit. Wir haben eine Vorstellung davon, ob wir uns Kinder wünschen, und wenn ja, wie viele. Uns können bei dem Thema auch ganz unterschiedliche Dinge wichtig sein: Der eine schaut besonders auf eine finanzielle Absicherung, während der andere Sensoren für die Reife der Beziehung besitzt. Auch Ängste können sich einschleichen, die uns bedrohen und belasten: Was geschieht, wenn wir *keine* Kinder bekommen können? Was, wenn der andere nicht so *viele* Kinder möchte? Es ist wichtig, dass wir als Ehepaar gemeinsam darüber im Gespräch sind, auch wenn es sich – wie bei uns anfangs – als gar nicht so einfach herausstellt.

Mit der Frage nach unserer Familienplanung beginnt nämlich schon unsere Verantwortung, in die wir nun hineinwachsen dürfen. Wir dürfen lernen, die Ängste des Partners ernst zu nehmen und seine Sehnsüchte zu berücksichtigen. Denn damit bauen wir bereits an einer guten Grundlage für unsere zukünftige Familie.

Gottes Familienplanung

In all *unserer* Familienplanung wird bei dem Thema jedoch sehr deutlich, dass es letztlich nicht immer nach unserem Plan laufen muss. Die einen planen Kinder, aber sie bekommen keine, die nächsten planen nicht und werden plötzlich schwanger. Uns wird bewusst: Nicht nur wir sind es, die Familie planen, sondern letztlich liegt die Familienplanung in Gottes Hand. Daher sind wir eingeladen, *mit ihm* über unsere Pläne ins Gespräch zu kommen. Wir dürfen ihm unsere Träume und unsere Unsicherheiten anvertrauen.

Manch einer bekommt an dieser Stelle Angst: »Wenn ich das in Gottes Hand lege, dann könnte es ja sein, dass er ganz andere Pläne hat!« Doch auch diese Angst dürfen wir Gott hinhalten: »Herr du kennst unsere Angst, dir unsere Familienplanung in die Hand zu legen. Hilf uns dabei, dir darin zu vertrauen.«

Denn letztendlich lernen wir ja immer wieder neu, unser ganzes Leben Gott anzuvertrauen. Dann dürfen wir ihm auch zutrauen, dass er es an dieser Stelle gut mit uns meint. Kinder sind nie selbstverständlich oder *machbar*. Sie sind immer ein Geschenk Gottes.

Das machte mir damals Mut, mit meinen Träumen und Ängsten nicht allein und mit Holger weiterhin im Gespräch zu bleiben, auch wenn es mir manchmal sehr schwergefallen ist. Meine Ängste waren nicht gleich verschwunden, aber es tat mir gut, sie mit Holger zu teilen und sie gemeinsam in Gottes Hand zu legen. Denn wir wissen, dass er es ist, der unsere Familie gestaltet und Leben schenkt.

Anregungen für das Gespräch

- Habt ihr miteinander schon über euren Kinderwunsch gesprochen?
- Wie leicht fällt euch das Gespräch über eure Familienplanung?
- Wie leicht fällt es euch, mit Gott darüber im Gespräch zu sein?
- Habt ihr Ängste bezüglich eurer Familienplanung?

Einladung zum Gebet

Gott, du hast uns zugesprochen: »Seid fruchtbar und mehret euch.« Vielen Dank, dass wir mit unserer Familienplanung nicht alleine dastehen. Hilf du uns, dass wir als Ehepaar lernen, darüber im Gespräch zu sein. Denn das ist ein ganz schön schwieriges Thema, das viele Fragen und Ängste aufwirft. Und hilf uns auch, mit dir über unsere Ängste und Sehnsüchte zu sprechen. Nimm du uns dabei an die Hand. Amen.

8. Schlawiner-Würstchen

> Kinder sind ein Geschenk des Herrn, sie sind ein Lohn aus seiner Hand. Kinder, die einem jungen Mann geboren werden, sind wie scharfe Pfeile in der Hand eines Kriegers.
>
> Psalm 127,3-4

»Können wir heute Abend wieder Schlawiner-Würstchen machen, Papa?« Die sechs Kinderaugen meiner drei Töchter schauen mich erwartungsvoll an. Eigentlich habe ich gar keine Zeit. Ich habe heute Abend noch einen Termin, auf den ich mich noch kurz in meinem Büro vorbereiten wollte. Die Kinder nehmen mein Zögern wahr. »Bitte, Papa! Nur *einmal*!« Ich kann nicht widerstehen. Und so stehen wir kurze Zeit später vor unserem Ehebett und ich wickele die erste Tochter wie ein Würstchen im Schlafrock in eine Bettdecke ein. Dann hebe ich das Schlawiner-Würstchen hoch, küsse den herausschauenden Kopf und entrolle mit Schwung und großem Gejohle das kleine Paket auf das Ehebett. Die Kinder lachen, ich freue mich und alle haben Spaß. Kinder zu haben ist wirklich ein Geschenk Gottes.

Aber das konnte ich nicht immer so glorreich wahrnehmen. Bevor wir Kinder bekommen haben, hatte ich irgendwie auch Angst davor. Würde ich das alles packen? Was wird aus unserer Ehe?

Als wir dann nach einigen Jahren das erste Kind bekamen, war ich schnell ein stolzer Papa, merkte aber auch, dass ich in der neuen Familiensituation gar nicht richtig ankam. Ich hatte auch ohne Kinder schon zu wenig Zeit für unsere Ehe. Und nun kamen auch noch die Kinder dazu, die mir scheinbar den letzten Raum raubten. Wie sollte das nur weitergehen? Ich brauchte einen neuen Blickwinkel für unsere neue Lebenssituation.

Vielleicht werden in Psalm 127 daher auch gerade die Männer dazu ermutigt, eine größere Perspektive für Kinder – und so auch Familie – zu entwickeln. Natürlich waren damals – zu alttestamentlicher Zeit – Kinder existenziell für das Leben. Sie waren kein Luxusgut, wie es heute manchmal scheint. Männer mussten nicht zum Vaterwerden ermutigt werden. Dennoch wird uns der Reichtum von Kindern vor Augen gemalt. Mich ermutigen die Verse, eine göttliche Perspektive für die kleinen menschlichen Lebewesen zu bekommen. Kinder sind mehr als eine Last, als Arbeit und ein notwendiges Übel. Sie sind ein Geschenk von Gott und führen uns in einen neuen Lebensabschnitt, den wir entdecken und einnehmen dürfen.

»Kinder sind wie scharfe Pfeile.« So steht es in Vers 4 in dem Psalm. Heute würden wir vielleicht weniger kriegerische Ausdrücke benutzen, da sich unsere Begriffswelt geändert hat. Das würde dann eher so klingen: »Kinder sind ein Reichtum, den du mit all dem Geld der Welt nicht aufwiegen kannst.« Oder: »Kinder sind so toll, dass du all deine Hobbys freiwillig dafür aufgibst, ohne den Verlust zu bedauern.« Oder: »Kinder zu haben bringt eine Schönheit und eine Faszination mit sich, die dir eine ganz neue Lebensdimension eröffnet.«

Und so erlebe ich das auch: Ich schaue meinen Kindern in die Augen und sehe mich selbst darin. Ich habe eine Liebe kennengelernt, die ich vorher nicht kannte: Meine Kinder sind ein Teil von meinem Herzen, der selbstständig lebt, liebt und mir begegnet. Kinder zu haben ist vor allem eine Gabe und nicht nur Aufgabe. Kinder machen mich reicher, nicht ärmer. Und auch für unsere Ehe und Liebe ist es bereichernd. Wir sind nicht mehr nur zwei Individuen, die sich aus Liebe aufeinander eingelassen haben. Nun sind wir eine Familie und das ist eine ganz neue Dimension. Aus unserer Liebe ist eine neue Liebe entstanden, die mehr Verbindung und Nähe schafft als alle Hochzeitsringe, Zweisamkeiten und gemeinsamen Erlebnisse.

Klar sind Kinder auch herausfordernd. Natürlich mussten wir einiges aufgeben, um in diese neue Lebenssituation hineinzuwachsen. Daher war es für uns als Ehepaar gut, erst mal einige Jahre Freundschaft und Ehe ohne Kinder leben zu dürfen. So konnten wir uns kennenlernen und Zweisamkeit genießen.

Aber dann durfte ich nach und nach entdecken, dass Kinder das Leben wertvoll machen. Dass wir dort etwas Neues geschenkt bekommen, wo wir Hobbys zurückstellen. Dazu musste ich lernen, dass man das Familienleben nicht einfach nur nebenher leben kann. Auch die

Zeit der Zweisamkeit in der Ehe wird weniger. Schlawiner-Würstchen brauchen schließlich Zeit und Kraft. Andererseits haben uns die Kinder aber auch zusammengeschweißt. Unsere Kinder sind eine geliebte Mischung aus uns beiden. Das bringt nochmal eine neue und ganz große Nähe in eine Ehe, die ich mir vorher kaum vorstellen konnte.

Gerade gestern nahm ich meine Frau in den Arm. Auf einmal wuselte etwas zwischen unseren Beinen. Unsere Tochter wollte sich zwischen uns schieben, um die Geborgenheit der Eltern und die gemeinsame Zärtlichkeit zu genießen. Einfach schön!

Klar: Kinder sind nicht für alle Paare gleichermaßen bereichernd. Nicht jeder hat die Berufung oder die Möglichkeit, eine Familie zu gründen. Aber wer diesen Ruf vernimmt, der darf sich auf die Kinder und das Familienleben freuen. Es wird anders, aber mit Kindern sind wir gut gerüstet. Oder – wie es der Bibelvers sagt: Die kleinen Schlawiner sind richtig scharfe Pfeile.

Anregungen für das Gespräch

- Habt ihr Hoffnungen und Wünsche für die Zeit als Familie?
- Wie stellt ihr euch das Familienleben vor?
- Gibt es Ängste in Bezug auf dieses Thema (zu wenig Zeit füreinander/ für den Job/ für Hobbys)?
- Wenn ihr bereits Kinder habt, was genießt ihr daran und was fordert euch heraus?

Einladung zum Gebet

Jesus Christus, danke, dass Kinder ein Reichtum für die Ehe sind. Lass uns dieses Geschenk froh annehmen, wenn du uns Kinder schenken möchtest. Hilf uns als Paar dadurch weiter zusammenzuwachsen und schenke uns auch Kraft für stressige Tage. Lass uns das Leben mit Kindern immer wieder neu entdecken und darüber staunen, wie in unseren Kindern »eine geliebte Mischung aus uns beiden« heranwächst. Amen.

9. Die perfekte Ehefrau

Sie sieht äußerst attraktiv aus. Jeder Mann, der sie sieht, schaut ihr hinterher. Hübsche Haare, wahnsinns Ausstrahlung, lange Beine, super Figur. Sie ist ein wahrer Blickfang. Sie sorgt sich sehr diszipliniert um ihren Körper und treibt regelmäßig Sport. Dafür nimmt sie sich morgens Zeit – täglich vor der Arbeit. Doch sie sieht nicht nur extrem sexy aus, sondern ist in ihrem Job auch noch sehr erfolgreich. Mit Leidenschaft und viel Energie erreicht sie ihre hochgesteckten Ziele, denn sie ist eine Frau, die hohe Erwartungen an sich selbst hat. Bei ihren Kollegen ist sie durch ihre freundliche Art sehr angesehen. Sie hat immer ein offenes Ohr. Ihr Job trägt dazu bei, dass es ihr und ihrem Ehemann finanziell sehr gut geht.

Darüber hinaus geht sie verantwortlich mit ihrem Geld um und kennt gute Möglichkeiten, ihr Geld zu vermehren. Das nutzt sie, um Menschen in Not zu helfen. Ehrenamtlich setzt sie sich für die bedürftigen Menschen in ihrer Stadt ein. Sie nimmt sich Zeit, hört zu, hilft dort, wo Not am Mann ist. Sie heißt jeden willkommen. Dafür ist sie in der ganzen Stadt bekannt. Sie sorgt liebevoll für ihre Eltern und Schwiegereltern. Sie kümmert sich um ein gemütliches und schönes Zuhause, erledigt alle Hausarbeit und kocht das Essen mit ausgewogenen Lebensmitteln stets selbst. Sie geht immer liebevoll und achtsam mit ihrem Mann um und nimmt seine Bedürfnisse wahr. Sie führt eine wunderbare Ehe. Sie steht in aller Frühe auf, um den Tag im Gebet zu beginnen und geht spät ins Bett, wenn ihre Aufgaben erledigt sind.

Dieser Text in Anlehnung an Sprüche 31 über die perfekte Ehefrau, kann ganz schön erschlagend wirken. Nach dem Motto: Wer soll das denn alles schaffen? Diese Beschreibung kann aber auch eine gewisse Faszination auf uns ausüben: Wie toll wäre es, wenn wir das alles möglich machen könnten: perfekte Ehe, perfekte Karriere, engagiertes Ehrenamt, finanziell ausgesorgt und begabt. Schnell können wir der Versuchung erliegen, dieser Faszination nachzueifern.

Doch einigen Menschen, die all das erreicht haben, wird bewusst, dass so ein scheinbar perfektes Leben auch nicht mehr Erfüllung schenkt. Michael Patrick Kelly ist so jemand. Der Teenagerschwarm Paddy war als Bandleader der Kelly-Family ganz oben angelangt. Alles schien ideal: der Erfolg, das Geld, das Ansehen. Doch am Ende stand die Sinnlosigkeit. Dort war *nichts*.

Es gab für ihn nur noch eine Möglichkeit: Er ändert seinen Namen, verändert sein Äußeres und zieht sich zurück in ein Kloster, auf der Suche nach einem sinnvollen Leben. Dort findet er Gott! Nach einigen Jahren Klosterzeit kehrt er zurück und startet sein Comeback. Doch er ist verändert. In seinem Lied *Shake away* erzählt er seine Geschichte, die deutlich macht: Gott hat ihn am Tiefpunkt seines Lebens aufgegabelt, inmitten seines größten Ruhms. Paddy lässt sein altes Leben hinter sich. Er schüttelt es ab wie Ketten, die ihn gebunden haben.

Denn er ist einer neuen Liebe begegnet, die ihm die Augen geöffnet hat für das Wesentliche. Sein Leben gewinnt eine neue Richtung: dem Licht entgegen. Und damit meint er Gott. Gottes Liebe hat sein Leben verändert. Das betont er unmissverständlich und bewegend in vielen Interviews. Und genau diese Wahrheit greift Salomo am Ende der Sprüche auf:

> Lieblich und schön sein ist nichts; eine Frau, die den Herrn fürchtet, soll man loben.
>
> Sprüche 31,30 (LUT)

Eine perfekte Ehefrau zu sein ist *nichts*, wenn Gott nicht die Grundlage unseres Lebens ist. Es ist wie Chips essen. Man isst und isst, doch man wird nicht richtig satt. Das Streben nach einem idealen Leben macht ohne Gott nicht glücklich. Doch der Blick auf Jesus kann alles verändern und ein Leben ganz neu durchdringen.

Loben dürfen wir diejenigen, die den Herrn fürchten, so sagt es Salomo im Buch der Sprüche. Dieses *Fürchten* hat dabei nichts mit Angst zu tun. Es ist vielmehr der Respekt vor Gott gemeint. Es gibt ein paar Menschen in meinem Leben, deren Worte und Meinung ich in besonderer Weise *fürchte*. Diese Menschen achte ich sehr. Ihre Meinung ist mir wichtig. Es sind Personen, vor denen ich Respekt habe. Sie besitzen mein Ansehen. Genau das ist es, was wir unter dem Wort *fürchten* verstehen können.

Salomo fordert uns heraus, uns nicht in erster Linie um unser perfektes Auftreten, unser ideales Leben und die Meinung unserer Mitmenschen zu kümmern, sondern stattdessen Gott zu fürchten. Denn auf diese Weise geben wir unserem Leben eine neue Kursrichtung: dem Licht entgegen. Und solche Menschen *soll man loben*.

Anregungen für das Gespräch

- Wo hetzt ihr einem Ideal hinterher und spürt, dass es euch nicht erfüllt?
- Was erwartet ihr selbst von euch als Ehemann/Ehefrau?
- Hilft euch dieses Ideal oder behindert es euch vielleicht sogar in eurer Beziehung?

Einladung zum Gebet

Jesus Christus, vielen Dank, dass du nicht von uns erwartest, dass wir einem bestimmten Ideal entsprechen. Du weißt, welche Faszination die Vorstellung, perfekt zu sein, in uns auslöst. Ganz besonders deutlich wird uns das an folgenden Punkten _____.
Zeige uns, wo wir dazu neigen, uns von falschen Vorstellungen leiten zu lassen, und hilf uns, unseren Blick auf dich zu richten. Amen.

10. Auf ins Abenteuer Nachfolge!

Ich bin von Grund auf ein zögerlicher und eher ängstlicher Typ. Das würde man von mir auf den ersten Blick wahrscheinlich nicht denken, ist aber so. Daher warte ich immer ziemlich lange ab, bevor ich Entscheidungen treffe. Ich schiebe sie regelrecht vor mir her. Ich muss erst noch im Internet recherchieren, Gründe abwägen, Bedenken teilen und alles mit anderen besprechen. Das kann lähmend sein. Meine Frau ist da progressiver. Das nenne ich manchmal unvorsichtig, aber es macht das Leben auch lebendiger und dynamischer. Ich glaube, wir würden immer noch den alten Golf fahren und hätten keine so schöne Doppelhaushälfte, wenn meine Frau hier nicht das Heft in die Hand genommen hätte.

Jesus erlebte auch einmal einen Mann, der ähnlich zögerlich war:

> Unterwegs sagte einer der Jünger zu Jesus: »Ich will mit dir gehen, wohin du auch gehst.« Aber Jesus hielt ihm entgegen: »Füchse haben ihren Bau und Vögel haben Nester, doch der Menschensohn hat keinen Ort, an dem er sich ausruhen kann.« Zu einem anderen sagte er: »Komm, folge mir nach.« Dieser jedoch antwortete: »Herr, lass mich zuerst noch nach Hause gehen und meinen Vater begraben.« Jesus erwiderte: »Lass die Menschen, die nicht nach Gott fragen, für ihre Toten sorgen. Deine Aufgabe ist es hinzugehen und das Kommen des Reiches Gottes zu verkündigen.«
>
> Lukas 9,57-60

Es gibt immer gute Gründe, zögerlich zu sein. Besonders dann, wenn es um den Glauben, um Gott und sein Reich geht. Ich erinnere mich noch, wie jemand aus unserem Bekanntenkreis in einer finanziellen Not war. Meine Frau ergriff sofort die Initiative und ermutigte mich und einige Freunde, konkret mit Geld zu helfen. Sofort meldete sich meine Zurückhaltung: »Meinst du wirklich, dass das angebracht ist?

Sollten wir nicht erst einmal fragen? Vielleicht gibt es noch andere Möglichkeiten! Wer weiß, nachher ist ihr das peinlich! Und vor allem: Meinst du wirklich, wir können so viel geben? Können wir uns das leisten? Will Gott das auch?«

Es ist sicherlich nicht verkehrt, die Dinge gut zu prüfen und nicht vorschnell und naiv einfach nur das zu tun, was einem vor die Füße fällt. Aber ich kenne mich und weiß, dass ich nicht in der Gefahr stehe, zu schnell zu handeln. Daher brauche ich an dieser Stelle meine Frau, die mich ermutigt und herausfordert. Das tut mir gut. Gerade in der Nachfolge und im Glauben hilft mir das weiter. Ich bin mehr der Theoretiker, aber mir hilft die Praxis meiner Frau, in den richtigen Situationen auch konkret zu werden. Dafür bin ich ihr dankbar.

»Folgt mir nach«, ruft Jesus auch in unsere Ehe hinein. Die Ehe ist eine neue Chance für radikale Nachfolge. Wir sind nicht mehr allein unterwegs und können uns gegenseitig anstecken und mitnehmen.

Immer wieder können uns innere und äußere Stimmen verunsichern: »Lass mich *erst noch* die Stelle wechseln, dann haben wir mehr Zeit! Lass uns *erst noch* eine Reise machen und etwas mehr Geld verdienen, dann können wir Kinder bekommen. Wir sollten *erst noch* das Haus abbezahlen, damit wir mehr Sicherheiten haben.«

Es gibt so viele *Erst-noch*-Situationen. Sie behindern uns darin, mutig loszugehen und das Abenteuer Nachfolge zu wagen. Glaube bleibt oft eine Kopfsache und rutscht nicht ins Herz und noch weniger in die Beine und Hände. Aber Jesus fordert uns heraus, unser Leben nicht auf selbst gemachte Sicherheiten zu gründen, sondern allein auf ihn. Der Glaube darf leidenschaftlich werden und spürbar. Wir dürfen bei Ungerechtigkeit mitleiden und uns darüber freuen, wenn Menschen durch Gottes Kraft geheilt werden. Wir dürfen die Ärmel hochkrempeln und dem Nachbarn helfen und in der Kirche mitarbeiten. Wir dürfen freigiebig sein, ohne Angst haben zu müssen, zu viel zu geben. Nicht immer müssen alle Entscheidungen richtig sein. Nicht immer fühlen wir uns dabei heilig. Aber wo der Glaube nur im Kopf bleibt, da werden wir das Abenteuer Nachfolge niemals erleben. Jesus lädt uns dazu ein, viel mehr zu entdecken als das, was uns bisher möglich erscheint. Das ist spannend und macht das Leben nicht einfacher. Aber es macht es lebendiger und erlebnisreicher.

Die Ehe kann uns dabei helfen, Nachfolge ganz praktisch zu leben: Wofür setzen wir unsere Zeit ein? Wofür setzen wir unser Geld ein? Ich bin froh, mit meiner Frau jemanden an meiner Seite zu haben, der mir Mut macht, aktiv zu werden, und mich in meinem Glauben herausfordert. Ich merke immer wieder: Wo Jesus zu unserer Sicherheit wird, dort haben wir beide mehr Freiraum zum Leben und für das Abenteuer Nachfolge.

Anregungen für das Gespräch

- Seid ihr Sicherheitsfanatiker oder eher Risiko liebende Menschen?
- Wo braucht ihr Sicherheit? Hat jemand zum Beispiel Angst, dass der andere irgendwann gehen könnte?
- Wo hindert euch falsches Sicherheitsdenken daran, Jesus nachzufolgen?
- Gebt ihr Jesus die Möglichkeit, euch eure selbst gemachten Sicherheiten deutlich zu machen?

Einladung zum Gebet

Lieber Vater im Himmel, du kennst uns und unser Sicherheitsbedürfnis. Wir legen heute unsere Sicherheiten und unser Bedürfnis nach Sicherheit in deine Hand. Wir wollen, dass du unsere Sicherheit im Leben bist. Wir möchten dir ganz und gar nachfolgen. Amen.

11. Zersorgen

»Du, die Meiers haben jetzt auch ein Haus gekauft und die Müllers wollen jetzt auch bauen.« Ich merke, wie in mir Unruhe hochsteigt. Nicht eine heilige Unruhe, sondern einfach nur Sorgen: »Werden wir das auch noch mal schaffen? Ich bin Pastor. Da zieht man immer wieder um. Ist das dran? Wir haben gar nicht so viel Geld auf der hohen Kante. Aber müssten wir dann nicht mit Blick auf die Zukunft gerade in Betongold investieren? Und was ist mit der Rente?«

Schon manches Mal habe ich mir den Kopf über unsere Zukunft zerbrochen. Dazu kommen noch andere Sorgen: Können wir Kinder bekommen? Schaffen wir das mit der Erziehung? Wie viele Kinder werden wir mal bekommen? Kommen wir mit unseren Eltern klar? Werde ich gesund bleiben? Wird mein Partner auch gesund und fit bleiben? Werde ich meine Partnerin in zehn Jahren auch noch hübsch finden?

Wir können uns den ganzen Tag mit Sorgen darüber herumschlagen, was alles passieren könnte. Diese Sorgen können sogar eine solche Macht gewinnen, dass wir darüber ganz die Freude am Leben verlieren. Interessant ist doch: In einer Zeit, in der es um unser Land so gut bestellt ist wie noch nie, machen wir uns die meisten Sorgen. Jesus kennt uns und er hat sich in der Bergpredigt dazu geäußert:

> Darum sage ich euch: Sorgt euch nicht um euer tägliches Leben – darum, ob ihr genug zu essen, zu trinken und anzuziehen habt. Besteht das Leben nicht aus mehr als nur aus Essen und Kleidung? Schaut die Vögel an. Sie müssen weder säen noch ernten noch Vorräte ansammeln, denn euer himmlischer Vater sorgt für sie. Und ihr seid ihm doch viel wichtiger als sie. Können all eure Sorgen euer Leben auch nur um einen einzigen Augenblick verlängern? Nein. Und warum sorgt ihr euch um eure Kleider? Schaut die Lilien an und wie sie wachsen. Sie arbeiten nicht und nähen sich keine Kleider. Trotzdem war

selbst König Salomo in seiner ganzen Pracht nicht so herrlich gekleidet wie sie. Wenn sich Gott so wunderbar um die Blumen kümmert, die heute aufblühen und schon morgen wieder verwelkt sind, wie viel mehr kümmert er sich dann um euch? Euer Glaube ist so klein! Hört auf, euch Sorgen zu machen um euer Essen und Trinken oder um eure Kleidung. Warum wollt ihr leben wie die Menschen, die Gott nicht kennen und diese Dinge so wichtig nehmen? Euer himmlischer Vater kennt eure Bedürfnisse.

Matthäus 6,25-32

Ein schöner Text, nicht wahr? Aber ich persönlich finde den manchmal auch ein wenig naiv: Ist es passend, uns in dieser komplexen Welt mit Blumen oder Vögeln zu vergleichen? Das Leben ist so herausfordernd und vielschichtig. Da scheint mir der Vergleich sehr primitiv.

Andererseits merke ich aber auch, dass Jesus hier ganz einfach meine Grundbedürfnisse anspricht: Essen, Trinken, Kleidung. Wie viel Zeit verbringe ich damit? Wenn ich mich um diese Grundbedürfnisse nicht mehr sorgen muss, weil Gott sich darum sorgt, dann habe ich viel Zeit und Kraft für andere Dinge. Jesus macht klar: Was diese Grundbedürfnisse angeht, macht euch keine Sorgen.

Dennoch habe ich an dieser Stelle Bedenken. Essen, Trinken, Kleidung – das klingt nach Wasser, Brot und Billigklamotten. Da möchte man denken: »Mag ja für damalige Verhältnisse gut genug gewesen sein. Aber von der Modebranche heute hatte der damals noch keine Ahnung.« Manchmal habe ich mir Gott so vorgestellt: »Er versorgt mich zwar, aber halt nur mit dem Allernötigsten. Mal lecker und teuer Essen gehen oder sich mal richtig schön einkleiden, das ist nicht drin in der himmlischen Grundversorgung.« Das machte mir dann auch wieder Sorgen!

Aber so ist Gott nicht. Jesus belässt es nicht nur bei den Grundbedürfnissen, sondern entpuppt sich als wahrer Ästhet. Es geht um *schöne* Klamotten. Jesus macht uns klar: »Hey, macht euch keine Sorgen! Ich sorge für Klamotten, die noch schöner sind als die vom König Israels. Ihr werdet nicht in Lumpen herumlaufen!« Es geht nicht nur ums Überleben oder die minimale Versorgung der Grundbedürfnisse. Es geht auch nicht um ein sogenanntes Wohlstandsevangelium, laut dem es jedem guten Christen gut gehen muss. Jesus lädt uns stattdessen zu einer heiligen Gelassenheit ein, die uns befreien kann, das Leben zu gestalten und uns nicht zu *zersorgen*!

Jesus macht uns im weiteren Verlauf des Textes klar: »Ihr könnt euch sorgen, aber das wird euch nicht weiterbringen. Sich zu sorgen ist der komplett *falsche Modus*. Ihr könnt dadurch nichts verändern.« An dieser Stelle verliert der Text seine Naivität. Hier steht ja nicht, dass die Dinge, um die wir uns sorgen, unwichtige Themen sind. Jesus simplifiziert hier auch keine komplexen Zusammenhänge. Er macht nur deutlich, dass der *Sorge-Modus* uns nicht weiterhelfen kann. Er zerstört nur unser Leben und bringt uns gleichzeitig keinen Millimeter voran, egal, ob ich reich und gesund oder arm und krank bin.

Stattdessen lädt Jesus uns in den *Gestalte-Modus* ein. Er lädt uns ein: »Gebt lieber euer Leben in meine Hand und gestaltet mutig euer Leben. Versucht nicht durch selbstgemachte falsche Sicherheiten den Sorgen aus dem Weg zu gehen. Vertraut mir, dass ich mit euch bin. Das ist mehr wert, als sich depressiv in Sorgenkreisen zu verschanzen. Euer himmlischer Vater kennt ja eure Bedürfnisse.«

Gott weiß, was wir brauchen. Darauf will ich immer wieder neu vertrauen und daraus neue Gelassenheit schöpfen. Ich will mein Leben nicht zersorgen, sondern auf Gottes Vorsorgung gründen.

Anregungen für das Gespräch

- Was sind eure Sorgen?
- Wo ist eine gewisse Vorsorge wichtig in eurer Ehe? Wo zersorgt ihr euch?
- Traut ihr Gott zu, dass er euch versorgt?

Einladung zum Gebet

Jesus, öffne uns die Augen dafür, dass all unser Sorgen uns nicht weiterbringt. Wir wollen auf solche Sorgen nicht weiter unsere Energie verschwenden und lieber unser Leben gestalten und dir anvertrauen. Wir breiten unsere Sorgen vor dir aus und geben sie dir im Gebet ab: _____. Danke, dass du unsere Bedürfnisse kennst und uns geben möchtest, was wir zum Leben brauchen. Amen.

12. Bleibt alles anders

Ehe ist spannend, weil sie sich ständig verändert: Wir verändern uns, unsere Umgebung verändert sich, unsere Arbeitsbedingungen genauso. Und wenn es nur die Nachbarn sind, die sich verändern. Schon kann eine völlig neue Lebenssituation entstehen.

Nicht jeder mag Veränderungen. Aber wenn jemand sagt, dass Ehe langweilig ist oder langweilig werden könnte, nur weil man immer mit ein und derselben Person verheiratet ist, der hat Eheleben nicht wirklich kennengelernt. Es bleibt nämlich nichts, wie es ist. Das ist das Spannende an der Ehe.

Besonders die unterschiedlichen Lebensphasen einer Ehe machen das Zusammensein spannend: Zuerst ist man einfach verliebt und glücklich. Man lebt von Luft und Liebe. Dann lernt man sich dabei kennen. Es wird intimer, näher, spannender: Man entdeckt Verhaltensweisen, die einem vorher nicht aufgefallen sind – gute und schlechte. Nachdem man sich dann miteinander arrangiert hat, gibt es Neuerungen: einen Umzug durch einen Berufswechsel oder es geht von der Ausbildung oder dem Studium hinein ins Berufsleben. Nun muss man in manchen Bereichen wieder bei null beginnen. Die stärkste Veränderung geschieht, wenn Kinder dazukommen. Dort scheint eine Ehe noch einmal ganz neu zu beginnen. In der Schwangerschaft verändert sich die Frau. Aber auch der Bauch des Mannes kann hormonell mitwachsen – das haben zumindest einige Studien ergeben. Und wenn dann das Kind da ist, werden die Rollen neu verteilt. Wir lernen uns noch einmal neu kennen, denn nach drei durchwachten Nächten, Kinderkrankheiten und eigener Erschöpfung können die Nerven schon einmal blank liegen. Nachdem manch superschlauer Erziehungsratgeber an die Wand geknallt wurde, wird auch der letzte tote Winkel der Persönlichkeit für unseren Partner offenbar. Es bleibt spannend. Ehe ist spannend.

Bei Gott ist das anders. Er bleibt immer derselbe. Er ist der Leuchtturm, der Ruhepunkt, die Achse, um die sich unser Leben dreht, und der Anker, an dem wir unser Leben festmachen. Dadurch haben wir eine Basis, die uns dabei helfen kann, in aller Veränderung und in allem Durcheinander Halt zu finden.

Allerdings bleibt Gott *für uns* nicht immer der Gleiche! Denn wenn sich bei uns alles verändert, dann scheint auch derselbe Gott plötzlich für uns ganz neu. Unsere Sicht auf Gott verändert sich. Unser Glaube und unser Leben mit Gott verändern sich. Derselbe Gott ist für uns ein anderer, weil wir uns verändern. Wir haben auf einmal andere Bedürfnisse und Herausforderungen. Und Gott erscheint uns anders oder manchmal auch gar nicht mehr anwesend. So erging es auch zwei Jüngern, die Jesus ganz neu kennenlernen mussten:

> Am gleichen Tag waren zwei Jünger von Jesus unterwegs nach Emmaus, einem Dorf, das etwa elf Kilometer von Jerusalem entfernt lag. Auf dem Weg sprachen sie über alles, was geschehen war. Plötzlich kam Jesus selbst, schloss sich ihnen an und ging mit ihnen. Aber sie wussten nicht, wer er war, weil Gott verhinderte, dass sie ihn erkannten. »Worüber redet ihr«, fragte Jesus. »Was beschäftigt euch denn so?« Mittlerweile näherten sie sich ihrem Ziel, dem Dorf Emmaus. Es schien so, als ob Jesus weitergehen wollte, doch sie baten ihn inständig, über Nacht bei ihnen zu bleiben, da es schon dunkel wurde. Da trat er mit ihnen ins Haus. Als sie sich hinsetzten, um zu essen, nahm er das Brot, segnete es, brach es und gab es ihnen. Da gingen ihnen die Augen auf und sie erkannten ihn. Doch im selben Augenblick verschwand er! Sie sagten zueinander: »War es uns nicht seltsam warm ums Herz, als er unterwegs mit uns sprach und uns die Schrift auslegte?«
> **Lukas 24,13-17.28-32**

Die beiden Jünger, die jahrelang mit Jesus unterwegs waren, erkannten ihn nicht. So sehr waren sie in ihrem alten Gottesbild gefangen. Sie dachten, dass Jesus endgültig gestorben sei und ihr Glaube schien tot.

Immer wieder habe ich das erlebt. Gott erschien mir so weit weg, so anders. Ich sehnte mich nach längst vergangenen Glaubenserfahrungen. Ich dachte: »Damals, auf einer Freizeit am Lagerfeuer war mir Gott ganz nah.« Aber das war schon lange her. In solchen Situationen suchen wir Gott und wir haben den Eindruck, dass er nicht mehr da ist. Dabei sind wir es, die nicht mehr da sind, wo wir Gott damals begegnet sind. Wir haben uns verändert, wir sind reifer geworden. Aus dem Kinderglauben sind wir herausgewachsen und auch der Teenagerglaube ist nicht mehr ausreichend.

Gott lädt uns daher immer wieder dazu ein, ihn neu zu entdecken. Er selbst hilft uns dabei. Er fragt uns: »Was beschäftigt dich?« Und dann dürfen wir erzählen und er hört uns zu.

Wir dürfen auch in unserer Ehe Jesus immer wieder neu einladen. Das Leben verändert sich, unsere Ehe verändert sich und auch unser gemeinsame Glaube verändert sich. Darum brauchen wir diese Aha-Erlebnisse im Glauben, in denen wir Jesus noch einmal ganz neu begegnen – demselben Jesus, der sich nie verändert. Diese Gotteserfahrungen erneuern unseren Glauben. Und Jesus möchte sie uns gerne schenken.

Anregung für das Gespräch

- Was hat sich bei euch verändert?
  Was wird sich in der nächsten Zeit verändern?
- Hat sich euer Glaube verändert?
- Wo braucht ihr eine Erneuerung eures Glaubens, damit ihr Gott ganz neu erfahren könnt?

Einladung zum Gebet

Jesus Christus, danke, dass du immer mit uns auf dem Weg bist, auch wenn wir dich nicht immer gleich erkennen. Herr Jesus, bleibe bei uns. Wir wollen dir immer wieder neu begegnen und dich immer wieder neu kennenlernen. Wir brauchen diese beständige Erneuerung unseres Glaubens. Amen.

Mit wem

13. Mit Jesus auf der Beratungscouch

Der Beginn unserer Beziehung und der Start in die Ehe war für uns alles andere als einfach. Das Schlimme daran: Nicht die Umstände waren schuld, sondern wir. Gefühlt haben wir jeden Konflikt mitgenommen, der sich uns geboten hat. Da vermischten wir Alltagsgewohnheiten mit grundsätzlichen Fragen über die Beziehung und die Ehe. Nicht selten haben wir uns in den Streitereien so sehr verhakt, dass wir alleine nicht mehr rauskamen. Manchmal brauchten wir regelrecht eine Krisenintervention. Wir riefen dann einfach ein vertrauenswürdiges Ehepaar aus unserem Bekanntenkreis an und baten um ein gemeinsames Gespräch.

Eine große Hilfe war für uns ein Ehepaar, das sich über zwei Jahre lang Zeit genommen hat, uns auf einen halbwegs geordneten Weg zu bringen. In regelmäßigen Abständen trafen wir uns bei unseren Mentoren im Wohnzimmer. Dort auf der Couch habe ich mich dann immer wie ein Kind im Kindergarten gefühlt, das nicht abgeholt wurde. Klein und dumm. Aber so geht es wohl vielen in der Beratung. Doch insgesamt hat es uns geholfen. Das kann ich heute sagen. Nun dürfen wir andere Paare als Mentoren begleiten.

Vielleicht fragt sich der ein oder andere: Warum habt ihr dann die Beziehung nicht einfach beendet? Ganz einfach, weil wir uns beide sehr geliebt haben. Aber Liebe macht verletzlich, weil man sich dem anderen öffnet. Das ist das Dilemma einer Liebesbeziehung: die Offenheit und die Möglichkeit, verletzt zu werden. Ich bin noch nie so herausgefordert worden wie in dieser Zeit. Wir wollten gerne zusammen weitergehen, konnten es aber alleine nicht. Wir brauchten Hilfe von außen.

So stelle ich mir auch Gottes Ringen um uns Menschen vor. Gott will mit uns zusammen sein. Er liebt uns sehr. Aber es geht irgendwie nicht. Und was macht er? Er wird Mensch. Er macht sich klein.

Er macht sich aus Liebe verletzlich. Er begibt sich auf eine Ebene mit uns: Er setzt sich mit uns auf die Couch:

> Denn Gott hat die Welt so sehr geliebt, dass er seinen einzigen Sohn hingab, damit jeder, der an ihn glaubt, nicht verloren geht, sondern das ewige Leben hat. Gott sandte seinen Sohn nicht in die Welt, um sie zu verurteilen, sondern um sie durch seinen Sohn zu retten.
>
> Johannes 3,16–17

So sieht Gottes Mentoring-Programm für uns aus. Ich stelle mir vor, wie sich Gott mit uns auf so eine Couch setzt, weil die Beziehung zu ihm einfach nicht klappt. Das Besondere bei Gott ist: Er sitzt uns nicht gegenüber und belehrt uns darüber, wie wir uns zu verhalten haben; sondern er sitzt neben uns. Er stellt sich mit uns auf eine Stufe. Und er hat Zeit und Geduld, weil es Jahre braucht, bis das Miteinander besser wird. Aber Gott gibt die Liebesbeziehung zu mir nicht auf. Er versucht alles, um die Beziehung zu erhalten. So beschreibt es die Bibel.

Gott war sich nicht zu schade, sich hinzugeben für seine große Liebe, seine Schöpfung – also für uns. An den Stellen in der Beziehung, wo wir ganz klar schuldig sind, sagt er einfach: »Alles klar, die Sache übernehme ich. Die Schuld übernehme ich. Das ist mein Ding.« Ich sehe mich vor mir, wie ich mich auf der Couch zu Jesus umdrehe und mir der Mund offensteht. »Halt«, will ich rufen, »das ist doch gar nicht dein Fehler. Das war ich.« Aber Jesus übernimmt meine Schuld, mein Versagen und meine Unfähigkeit, die Beziehung zu ihm zu leben.

Durch unseren verzweifelten Versuch, durch Mentoring unsere Beziehung zu retten, ist mir die Liebe Gottes noch einmal ganz neu deutlich geworden.

Ich habe mich schon öfters gefragt: »Gott, warum hast du die Beziehung zu mir nicht einfach beendet? Ich liebe dich zwar, aber ich schaffe das nicht.« Und ich höre Gott antworten: »Weil ich dich so sehr liebe, dass ich einfach nicht von dir loskomme. Darum habe ich mich so verletzlich gemacht.«

Anregungen für das Gespräch

- Wisst ihr euch von Gott so sehr geliebt, dass euch die Beziehung zu ihm eine Sicherheit schenkt?
- Wäre solch ein Mentoren-Ehepaar auch etwas für euch? Wer käme eventuell in Frage?

Einladung zum Gebet

Danke Jesus, dass du aus Liebe zu uns alles dafür getan hast und dich weiterhin dafür einsetzt, dass unsere Liebesbeziehung zu dir nicht abreißt. Danke, dass du uns auch dabei unterstützt, unsere Liebesbeziehung zueinander nicht abreißen zu lassen. Amen.

14. Meine Freunde, deine Freunde

»Eigentlich habe ich meiner Frau versprochen, etwas mit ihr zu machen, aber ich hätte viel lieber Lust auf einen Abend mit guten Freunden.« Manchmal denke ich so. Nicht, dass ich meine Frau nicht gerne habe. Aber da sind eben auch noch andere Menschen um mich herum, mit denen ich gerne Zeit verbringen möchte. Nicht selten ist das eine Herausforderung für meine Frau und mich. Wie viel Zeit investieren wir für Freundschaften und Beziehungen außerhalb der Ehe?

> Wo du hingehst, dort will ich auch hingehen, und wo du lebst, da möchte ich auch leben. Dein Volk ist mein Volk und dein Gott ist mein Gott.
>
> Rut 1,16

Ein beliebter Bibeltext, der auch gerne für kirchliche Trauungen genommen wird. Und nicht selten wird er auf die Ehe bezogen ausgelegt. Das kann man machen, passt aber nur bedingt. Denn es geht hier um Rut, eine verwitwete Frau, die ihre Schwiegermutter bittet, bei ihr bleiben zu dürfen. Wie es scheint, hat Rut in ihr eine gute Freundin gefunden. Es geht hier nicht um Ehe, sondern um eine Sehnsucht, die in uns liegt: Wir tragen den Wunsch in uns, in eine wohltuende Gemeinschaft mit hineingenommen zu werden.

Die Ehebeziehung ist so eine besonders intime und wohltuende Gemeinschaft, aber sie existiert nicht alleine im Universum. Die Ehe braucht auch die gute Begegnung mit anderen. Und damit verbunden braucht jeder Einzelne in der Ehe wohltuende Beziehungen zu anderen. Wir brauchen Freunde, mit denen wir Gemeinschaft erleben und auf einem Weg sind.

Durch Gespräche mit vielen Ehepaaren ist uns klar geworden, dass die Bedürfnisse hier ganz unterschiedlich verteilt sind. Manche haben viele Freunde und Bekannte, andere brauchen hier weniger. Manche Ehepaare machen gerne vieles gemeinsam, andere sind froh, dass sie bewusst Zeiten haben, in denen jeder für sich etwas mit seinen Freunden unternimmt. Hier gibt es kein Richtig oder Falsch. Wichtig ist, dass beide mit dem Status quo zufrieden sind.

Meine Frau ist für mich wie ein guter Freund. Dadurch wird ein Großteil meiner Sehnsucht nach wohltuender Gemeinschaft gestillt. Doch darüber hinaus brauche ich auch noch andere verlässliche Beziehungen. Und so habe ich mich vor einigen Jahren ganz bewusst aufgemacht, Freunde zu suchen und Freundschaften zu leben. Das ist für mich ein herausforderndes Thema. Mir geht das nicht leicht von der Hand. Ich muss mich immer wieder dazu aufraffen und diese Zeiten bewusst gestalten. Und dennoch merke ich, dass es mir – und auch unserer Ehe – sehr gut tut, außerhalb der Ehe Freundschaften zu leben.

Als Ehepaar brauchen wir darüber hinaus auch gemeinsame Freundschaften, die uns beiden guttun. Wir haben vor einigen Jahren einfach zwei Ehepaare gefragt, ob sie mit uns ein Stück Lebensweg mitgehen und wir bewusst miteinander Gemeinschaft leben wollen. Nach einigen Jahren ist daraus eine Freundschaft entstanden, die uns alle stärkt.

Ich brauchte sehr lange, um zu begreifen, dass man gute Freundschaften zwar nicht erzwingen kann, dass sie aber nur selten zufällig entstehen. Es braucht meine Entscheidung und mein Bekenntnis, wenn ich mit anderen Menschen bewusst Leben teilen und eine freundschaftliche Beziehung aufbauen will.

Anregungen für das Gespräch

- Habt ihr Menschen außerhalb der Ehe, bei denen ihr sagen könnt: »Da habe ich richtig gute Freunde«?
- Erstellt eine Skizze mit konzentrischen Kreisen und tragt darin eure Beziehungen ein: In dem mittleren Kreis steht eure Ehe, in dem nächsten Kreis, der die Ehe umschließt, die wichtigsten anderen Beziehungen. Nun könnt ihr mit weiteren Kreisen weitere Beziehungsverhältnisse skizzieren. Welche Beziehungsverhältnisse habt ihr? In welche Beziehungen wollt ihr investieren?

- Schreibt außerhalb der Kreise auf die eine Seite die Freunde des Mannes, auf der anderen die der Frau. Welche Freundschaften will jeder von euch aufrechterhalten? Welche nur einer? Welche beide? In wen wollt ihr euch gemeinsam investieren?

Einladung zum Gebet

Danke, Gott, für die Menschen an unserer Seite. Danke, dass wir nicht alleine durchs Leben gehen müssen, auch nicht als Ehepaar! Danke, dass du jedem von uns Freunde an die Seite gestellt hast. Hilf uns dabei, diese Beziehungen zu pflegen. Wo wir solche Beziehungen noch nicht erleben, zeige uns, was wir dafür tun können, damit sich lose Bekanntschaften zu Freundschaften festigen. Schenke uns bei alldem immer wieder neu ein gutes Maß an Zeit zu zweit und Zeit mit anderen. Amen.

15. Ein Spiegelbild Gottes

> So schuf Gott die Menschen nach seinem Bild, nach dem Bild Gottes schuf er sie, als Mann und Frau schuf er sie.
>
> 1. Mose 1,27

»Ich habe oft das Gefühl, dass ich mit dir zusammen allein bin«, sage ich meiner Frau. Manchmal kommen mir solche komischen Gedanken. Aber das Eheleben fühlt sich so anders an als andere Beziehungen. Wenn ich mit einem guten Freund unterwegs bin, dann ist das eine erfüllte und gute Zeit. Aber irgendwann freue ich mich auch auf zu Hause. Ich brauche Zeiten mit mir allein, in denen ich mich nicht auf andere einlassen muss.

Seitdem ich verheiratet bin, erlebe ich allerdings die Zeit mit meiner Frau oft auch so, als wäre ich allein. Ehe ist für mich daher eine ganz besondere Gemeinschaft, in der ich das Gefühl habe, allein zu sein, obwohl ich mit Georgia zusammen bin.

Hier wird mir immer wieder deutlich, was es bedeutet, dass wir zusammen als Ehepaar das Ebenbild Gottes sind. Gott hat nicht *einen* Menschen nach seinem Bilde geschaffen, sondern er schuf Mann und Frau – *beide* – nach dem Bild Gottes. Wir können Gottes Wesen durch das Miteinander der Ehe noch mehr verstehen. So wie die Ehe in sich eine Gemeinschaft ist, ist Gott in sich Gemeinschaft. Sein Wesen ist Gemeinschaft. Gott ist Vater, Sohn und Heiliger Geist in einer Person. Dabei trägt Gott beide Geschlechter in sich: weibliche und männliche Anteile. Beides gehört in ihm zusammen und ist zusammen Abbild Gottes. Eine Ehegemeinschaft ist daher auch ein Abbild Gottes.

Und hier wird es spannend, wie ich finde. Denn unsere Unterschiedlichkeit in der Ehe ist von Gott her nicht als Widerspruch und Gegensatz gedacht, sondern vor allem als Bereicherung. Wir Menschen nehmen das aber oft anders wahr. Ich erlebe meine Frau oft so anders. Dann denke ich: »Das ist aber nicht richtig. So macht man das nicht.« Ganz gleich, ob es nun typisch weibliche Eigenschaften sind oder auch nur ganz normale Angewohnheiten.

Ich habe zum Beispiel eine große Sammelleidenschaft. Ich schmeiße Sachen nicht gerne weg, sondern hebe sie noch lange auf, nach dem Motto: »Das kann man vielleicht irgendwann noch mal für irgendetwas gebrauchen.« Meine Frau ist das pure Gegenteil. Meines Erachtens kann sie Sachen oft nicht schnell genug wegschmeißen. Was ist nun richtig? Was ist besser? Nach manchen lustigen und teilweise auch schwierigen Auseinandersetzungen haben wir gemerkt, dass beide Seiten wertvoll für unser Miteinander sind. Georgia hilft uns mit ihrer Einstellung, dass wir uns nicht zumüllen. Und ich habe die Gabe, für viele Anlässe die passenden Sachen parat zu haben.

Aus unserem Gegensatz wurde eine gute Ergänzung, aus der Andersartigkeit eine Vielfalt. Natürlich führt das immer wieder einmal zu Spannungen. Aber wir erleben auch den Reichtum, der darin liegt.

Natürlich ist nicht jedes Verhalten und jede Wesenseigenschaft mit der Gottes-Ebenbildlichkeit zu erklären. Darum geht es auch gar nicht. Aber wenn wir unsere Ehe als ein Abbild Gottes verstehen, dann können wir mit der Andersartigkeit des anderen respektvoller umgehen.

Dazu kommt noch eine weitere Dimension. Dort steht nicht: »Verhaltet euch so, dass eure Ehe ein Ebenbild Gottes ist.« Sondern durch die Ehegemeinschaft an sich schenken wir anderen schon eine Ahnung von der Größe und Vielfalt Gottes. Manch einem mögen da schnell Bedenken kommen. »Was?«, denken vielleicht manche. »Unsere Ehe ist kein gutes Beispiel für Gottes Wesen!« Aber Gott ist sehr demütig. Er nutzt gerade unsere Unvollkommenheit, um seine Herrlichkeit zu verdeutlichen. Wann immer Gott Menschen gebraucht, benutzt er gerade nicht die scheinbar perfekten und starken, sondern immer diejenigen, die um ihre Bedürftigkeit und ihre Unzulänglichkeiten wissen. Und gerade deswegen sind wir eingeladen, in unserer Ehe mehr zu sehen als nur ein belangloses Liebespärchen.

Eure Ehe ist also nicht nur für euch zwei da, sondern sie hat in ihrem Wesen schon einen verkündigenden Charakter. Sie erzählt von Gott, von seiner Liebe und seinem Wesen und kann so zu einem Segen für andere werden. Und zwar nicht erst dort, wo ihr euch passend verhaltet, sondern schon da, wo ihr sie einfach lebt. Wenn ihr euch liebt, streitet und vergebt und miteinander in all eurer Vielfalt euren Lebensweg gestaltet, seid ihr schon ein Zeugnis von Gottes Wesen.

Anregungen für das Gespräch

- Erlebt ihr eure Ehe als Abbild Gottes? Erleben das andere?
- Wo wird eure Unterschiedlichkeit zur Bereicherung? Wo erlebt ihr sie eher als Last?
- Was könnten die Gründe dafür sein?

Einladung zum Gebet

Jesus Christus, danke, dass du uns so unterschiedlich gemacht hast. Das erweitert unseren Horizont und zeigt uns ein wenig mehr von deiner Größe. Lass uns unsere Verschiedenheit immer mehr als Reichtum wahrnehmen. Dort, wo wir mit unserer Unterschiedlichkeit zu kämpfen haben, öffne uns neu die Augen für deine Perspektive auf unsere Ehe. Amen.

16. Eine Gottesbegegnung im Auto

> Ich erinnere mich, dass du (Herr) gesagt hast: »Suchet meine Nähe.« Und ich habe geantwortet: »Herr, dich suche ich.«
>
> Psalm 27,8

Es war ein schöner und ruhiger Sonntagmorgen. Einer dieser wundervollen Tage, in denen der Nebel über den Feldern steht und die Sonne sich langsam ihren Weg bahnt. Wir waren auf dem Weg zum Gottesdienst. Die Welt um uns herum war still und friedvoll. Doch diese harmonische Stimmung übertrug sich leider nicht auf uns. Zwischen uns entstand ein unerbittlicher Streit. Wir kochten vor Wut. Wir kamen einfach nicht zusammen. Für Holger als Pastor war es ja auch der Weg zur Arbeit, um gleich den Gottesdienst mitzugestalten. Und so blieb ihm irgendwann nichts anderes übrig, als das Auto auf dem Parkplatz vor der Gemeinde zu parken und pünktlich seine Arbeit zu beginnen. Er stieg aus. Ich konnte noch nicht aussteigen. Ich war noch viel zu wütend. Und so blieb ich noch einen Augenblick sitzen. Holger nahm seine Sachen und schloss wie gewohnt das Auto hinter sich ab.

Als mein Gemüt sich abgekühlt hatte, war ich bereit, in den Gottesdienst zu gehen. Ich griff zur Tür und … sie war versperrt! Ich ruckelte am Türöffner, doch es tat sich nichts. Also begann ich überall im Auto nach einer Entriegelung zu suchen. Doch die gab es nicht. Leicht in Panik realisierte ich: Es gab hier keinen Ausweg mehr. Da saß ich – in meinem eigenen Gefängnis. Und der Gottesdienst begann – *ohne mich*.

Damals, eingesperrt in meinem Auto, war ich glücklicherweise nicht *ganz* allein. Jesus war ja auch da. Dieses Wissen beruhigt mich immer sehr. Auch wenn mein Mann mich manchmal nicht mehr aushält, Jesus verlässt mich nicht, obwohl er wirklich allen Grund dazu hätte. Schließlich kennt er meine tiefsten Abgründe. Und so suchte ich an diesem Morgen notgedrungen seine Nähe. Ich erzählte ihm von dem Streit und ließ meinen Gefühlen freien Lauf.

Dabei merkte ich: Hier durfte ich sein. Ich wurde gesehen, wurde verstanden. Ich war ganz bei mir und ganz bei Gott. Und immer mehr auch wieder ganz bei Holger: Nun konnte ich ihn immer mehr verstehen, konnte seine Not erkennen und sehen, wo ich ihn verletzt und allein gelassen hatte. Ich dachte: »Wie schrecklich muss es ihm dort drinnen gehen. Ganz egal, wer schuld war. Es war dumm so auseinanderzugehen!« Hier im Auto, in meinem Gefängnis, war ich quasi gezwungen, Gottes Nähe zu suchen. Und wahrscheinlich war das in diesem Moment der Gottesdienst, den ich brauchte.

Manchmal werden wir in die Gemeinschaft mit Gott quasi *hineingeworfen*. Und an diesem Morgen brauchte ich diesen abgeschlossenen Raum, in dem ich nichts anderes tun konnte, als Gott zu suchen.

Doch wie oft habe ich es auch erlebt, dass eine kurze Sehnsucht nach der Gemeinschaft mit Gott in mir entflammte und genauso schnell auch wieder verschwand. Irgendetwas hielt mich davon ab, diesem Gedanken nachzugehen: ein Telefonat, eine spontane Einladung, ein Blick auf die To-do-Liste, die Gemeinschaft mit meinem Ehemann oder einfach meine Müdigkeit.

Dabei ist der kurze Gedanke, der uns daran erinnert, Gott zu suchen, sein Wirken in uns. Ich stelle mir das immer so vor: Diese kleinen Erinnerungsmomente sind wie sein leises Klopfen an unsere Tür. Er steht vor uns und fragt ganz höflich: »Hey, bist du da? Darf ich kurz mit dir sprechen?« Das kann manchmal an den ungewöhnlichsten Orten passieren und zu den ungewöhnlichsten Zeiten. Wie bei mir auch mitten im wütenden Streit. Mir zeigt das immer wieder: Gott ist lebendig. Er ist bei uns und geht mit uns Schritt für Schritt. Gott möchte uns begegnen und er lädt uns immer wieder ganz zart und sanft dazu ein.

Ich neige dazu, diese kleinen Momente viel zu wenig wahrzunehmen. Aus dem Grund musste Gott mich damals wohl in ein Auto sperren. Denn manchmal begreife ich erst in einer solchen Situation, wie gut mir die Begegnung mit ihm tut. Denn durch die Nähe zu ihm kann sogar ein destruktiver Streit noch etwas Gutes herbeiführen, denn ich habe geantwortet: »Herr, dich suche ich.«

Anregungen für das Gespräch

- Kennt ihr Momente, in denen ihr euch nach Gemeinschaft mit Gott sehnt?
- Wie habt ihr bisher darauf reagiert?
- Habt ihr Gottes Anklopfen schon mal besonders deutlich gehört? Wie habt ihr in dieser Situation darauf geantwortet?

Einladung zum Gebet

Herr, du erinnerst uns daran, dass wir deine Nähe suchen dürfen. Bei dir sind wir willkommen. Hilf uns, dein leises und sanftes Klopfen in unserem Alltag immer öfter und immer deutlicher wahrzunehmen und darauf zu antworten: »Herr, dich suchen wir.« Amen.

17. Die Self-pity-Party

»Warum wirft er die Socken immer neben den Wäschekorb?«, frage ich mich ärgerlich, während ich seine Socken, die *vor* der Wäschekiste liegen, in den Korb werfe. »Immer muss ich alles selbst machen!« Und schon geht mir eine ganze Litanei an Dingen durch den Kopf, die ich tue, weil er sich nicht an *meinen* Ordnungs- oder Zeitplan hält. »Das ist echt fies von ihm!«, denke ich weiter: »Genau wie seine blöden, unbedachten Worte gestern.« Stampfend bewege ich mich durch unsere Wohnung von einem Zimmer in das nächste. Ich lege frustriert Wäsche in den Schrank, während ich in Gedanken bei unserer gestrigen Begegnung bin. »Die Worte, die er zu mir gesagt hat, klangen so hart,«, jammere ich mir vor. »Ich komme gar nicht gegen ihn an. Der ist wirklich gemein zu mir!«

Am liebsten würde ich mich noch weiter beklagen, wie arm dran ich bin und wie unfair ich mich behandelt fühle. Denn ich bin wirklich zu bemitleiden ... und damit herzlich willkommen zu meiner Self-pity-Party (meiner Selbstmitleids-Feier). Es ist eine ganz besondere Party. Denn hier bin ich ganz allein. Es ist niemand da außer mir selbst. Auch die Stimmung ist besonders, denn sie besteht ausschließlich aus ausgelassener Frustration gekoppelt mit herzzerreißendem Schmerz über meine ach so schlimme Lage. Denn anscheinend bin ich hier in unserer Ehe die Einzige, die leidet.

Wenn ich beginne, mir einmal genau zuzuhören, dann finde ich mich beinahe peinlich. Das wirkt so wenig erwachsen. Ich komme mir vielmehr wie ein kleines Kind vor, das wütend mit den Füßen aufstampft. Wenn ich mich aus der Distanz betrachten könnte, würde ich wohl eher über mich lachen. Doch das würde es nicht ändern. Denn dieses Selbstmitleid ist nur ein Symptom von etwas Verborgenem. Es weist auf einen Schmerz in unserem Herzen hin. Etwas macht uns traurig und schreit nach Trost. Wir haben Angst davor, zu kurz zu kommen und nicht wahrgenommen zu werden. Wir befürchten, vergessen zu sein.

> Kann eine Mutter etwa ihren Säugling vergessen? Fühlt sie etwa nicht mit dem Kind, das sie geboren hat? Selbst wenn sie es vergessen würde, vergesse ich dich nicht! Sieh, ich habe dich in meine Handflächen gezeichnet. Das Bild deiner Mauern habe ich immer vor Augen.
>
> Jesaja 49,15–16

Diese Worte, die Gott durch den Propheten Jesaja dem Volk Israel zuspricht, gelten auch uns heute: »Ich vergesse euch nicht! Ich habe euch in meine Handflächen gezeichnet und eure Gestalt habe ich immer vor Augen.«

Wir sind gesehen – auch in unserem Selbstmitleid! Gott folgt uns auch in die tiefen Verließe unseres Selbstmitleides. Er verurteilt uns nicht, sondern sehnt sich danach, mit uns ins Gespräch zu kommen über das, was uns traurig macht. Er flüstert uns zu: »Hey, du scheinst ganz schön wütend zu sein! Willst du mal erzählen?« Er sieht uns in unserer Situation. Er nimmt uns ernst und er möchte uns trösten. So zärtlich und behutsam, wie eine Mutter ihr Baby tröstet!

Und in dem Augenblick, in dem Jesus in unser Selbstmitleid hineinkommt, verliert es seinen Sinn. Wir brauchen uns nicht mehr *selbst Mitleid* zuzusprechen, denn Jesus leidet mit uns. Er leidet mit uns und holt uns aus unserer Einsamkeit heraus. Er führt uns zurück in die Beziehung: zu ihm und damit auch zu uns selbst und zu unserem Partner.

Selbstmitleid macht passiv und zerstört Beziehungen. Doch als Getröstete sind wir in der Lage, aktiv zu gestalten und zu ändern, was uns bekümmert. Das, was uns unglücklich macht, können wir mit unserem Ehepartner konstruktiv besprechen und uns gemeinsam um eine gute Lösung bemühen.

Wenn ich wieder mal in meinem Selbstmitleid versinke, dann höre ich Jesus fragen: »Na, was ist bei dir los?« In diesen Momenten weiß ich, dass ich nicht mehr allein bin. Er nimmt mich wahr und er hat mich noch immer nicht vergessen.

Anregungen für das Gespräch

- Kennt ihr solch ein Selbstmitleid? Welcher Schmerz steckt dahinter?
- Was könnte euch in diesem Moment konkret weiterhelfen?
- Wie könntest du in solchen Situationen die Begegnung mit Gott suchen? Was würde sich dadurch verändern?

Einladung zum Gebet

Jesus Christus, wir danken dir, dass wir mit unserem Selbstmitleid nicht alleine bleiben müssen. Danke, dass du auch in diesen Augenblicken bei uns bist und unseren Schmerz mit uns teilst. Wir danken dir, dass du uns aus unserem Selbstmitleid befreien und uns zurück in die Beziehung mit dir und unserem Partner führen möchtest. Das gibt uns Hoffnung. Amen.

18. Gläubig genug?

Meine Familie lebte damals am Rande einer Kleinstadt. Meine zwei älteren Brüder und ich haben viel Zeit damit verbracht, mit unseren Freunden durch die Straßen und Wiesen zu ziehen. Als Jüngste – ich muss ungefähr zwei Jahre alt gewesen sein – versuchte ich inbrünstig, den Älteren hinterherzulaufen. Meine Geschwister hatten in der Nachbarschaft einen guten Ruf. Die Nachbarinnen waren freundlich und es kam immer wieder vor, dass wir – die Kinder von Familie Hirsch – mit ein paar Süßigkeiten beschenkt wurden. Genauso war es an diesem Tag, an dem uns eine ältere Nachbarin begegnete. Sie begrüßte meine Brüder vielversprechend. Ich witterte gute Beute und so drängelte ich mich in hoher Erwartung zwischen die großen Brüder. Stolz erklärte ich: »Ich auch Hirsch!«

Ich wusste damals schon, wohin ich gehöre. Ich war stolz auf meine Familie und mir war klar, dass es für mich gewinnbringend ist, ein Teil von ihr zu sein. Ich kannte meine Zugehörigkeit.

So klar und deutlich war mir das in der Beziehung zu Gott nicht immer. Nimmt Gott mich an? Darf ich mich sein Kind nennen? Reicht mein Glaube aus? Und ist mein Partner auch gläubig genug? Diese Unsicherheiten haben sicherlich schon viele vor mir gehabt. Wenn ich in die Bibel schaue, dann entdecke ich immer wieder diese Frage: Wann bin ich *genug Christ*?

> Wer bekennt, dass Jesus der Sohn Gottes ist, in dem bleibt Gott und er bleibt in Gott.
>
> 1. Johannes 4,15

Das lesen wir im 1. Johannesbrief. Es geht um ein ganz einfaches Bekenntnis. Wer sich dazu bekennt, dass dieser Jesus Christus Gottes Sohn ist, der ist Christ. Punkt. In diesem Menschen wohnt Gott. Dieser Mensch bleibt in der Gemeinschaft mit Gott. So lesen wir es hier. Die Zugehörigkeit zu Gott wird durch unser Bekenntnis bestimmt.

Ich finde es befreiend, dass Gott uns diese Beziehung nicht aufzwingt oder uns einen Vertrag hinhält. Gott drängt sich nicht auf und bedrängt uns nicht. Er lässt uns frei entscheiden. Aber er lädt uns ein, seine Kinder zu werden. Denn so können sich Christen auch bezeichnen: als Kinder Gottes. Der Weg zu dieser Kindschaft Gottes ist leicht. Es geht einfach nur um unsere Einwilligung. Es geht um unser Bekenntnis. Wenn wir sagen können und wollen: »Ich auch Christ!«, dürfen wir uns sicher sein, dass Gott uns als seine Kinder adoptiert und wir das für immer sind. Dann dürfen wir sicher sein, dass Gott sich zu uns stellt, denn das ist für ihn eine große Freude.

Weil uns solch ein einfaches Bekenntnis sehr unsicher machen kann, hat Gott sich einige Zeichen ausgedacht, die diese Verbundenheit immer wieder ausdrücken. Die Taufe ist so ein einmaliges Zeichen. Sie macht deutlich: Ich bin sein und er ist mein. Im Abendmahl oder der Eucharistie wird uns die Zugehörigkeit zu Gott immer wieder neu zugesprochen. Jesus sagt uns: »Ich habe alles gegeben, damit wir zusammen sein können. Ich habe alle Hindernisse beseitigt. Du gehörst zu mir.« Wer sich das zusprechen lassen will, der ist eingeladen zu dieser Feier. Genau wie wir einen Ehering tragen, der die Verbundenheit mit unserem Partner ausdrückt, spricht uns Gott durch diese Zeichen zu: »Ich bin dein und du bist mein.«

Mich begeistert es, dass Gott uns in solch eine vertrauensvolle und enge Beziehung zu ihm hineinruft. Er will unser himmlischer Vater sein und wir dürfen seine Kinder sein. Jede andere Beziehung wäre wandelbar, aber Kinder unserer Eltern bleiben wir ein Leben lang. Kinder laufen nicht am Morgen zu den Eltern und fragen: »Bin ich heute noch dein Kind?« Sie wissen um ihre Zugehörigkeit. Und sie leben daraus in kindlicher Freiheit: Was auch passiert, sie gehören zu ihren Eltern!

Die schrecklichste Vorstellung für unsere Kinder ist, wenn wir ihnen erzählen, dass sie irgendwann mal in ein Alter kommen, in dem sie nicht mehr zu Hause leben möchten. »Hör auf, Mama, das macht mir Angst!«, rufen sie erschrocken. Sie fühlen sich bei uns geborgen. Sie wissen sich geliebt und wollen am liebsten immer bei uns bleiben. Sie wissen genau: Was auch immer geschieht, sie dürfen *immer* zu uns kommen, auch wenn etwas nicht so gut gelaufen ist. Dasselbe gilt auch uns als Kindern Gottes.

Anregungen für das Gespräch

- Seid ihr euch sicher, dass ihr zur Familie Gottes gehört und seine Kinder seid?
- Wenn nicht, was sind die Gründe für eure Unsicherheit?
- Was bedeuten für euch die Zeichen Taufe und Abendmahl/Eucharistie? Sind sie für euch zu begreifen oder eher ein rotes Tuch?

Einladung zum Gebet

Danke, Gott, dass du die Beziehung zu uns suchst und es uns damit leicht machst. Du bekennst dich zu uns und wir dürfen uns zu dir bekennen. Du willst für uns ein liebender Vater sein. Hilf uns zu begreifen, was es heißt, deine Kinder zu sein und wie wir uns darin gegenseitig unterstützen können. Amen.

19. Durch den Sturm

»Entweder sieht er die Aufgaben, die im Haushalt anfallen, einfach nicht, oder er hat eine andere Definition von Sauberkeit. Manches kann er so lange vor sich herschieben, dass ich es letztlich selbst mache. Das Thema sorgt immer wieder für Streit zwischen uns.« Bianka ist frustriert. Sie und ihr Mann Oliver sind seit knapp einem Jahr verheiratet. Das Thema Haushalt sorgt zwischen ihnen immer wieder für Reibereien.

Jessika und Martin ringen hingegen mit ihrem unterschiedlichen Temperament. »Bei uns zu Hause haben wir früher ganz sachlich über Themen gesprochen, in denen wir nicht einig waren«, bemerkt Martin. »Aber bei Jessika ist das anders. Sie wird so laut und emotional, wenn wir einfach mal etwas besprechen wollen. Ich kann damit gar nicht umgehen. Jedes Mal endet das in einem Streit.«

Manchmal sind es kleine Dinge, die uns auf Dauer frustrieren und uns unzufrieden machen. Manchmal gehen die Auseinandersetzungen tiefer und es ist schwierig, einen guten gemeinsamen Weg zu finden. In der Ehe können wir immer wieder an Punkte stoßen, in denen unsere Kompetenzen nicht mehr ausreichen. Das, was wir für selbstverständlich hielten, wird plötzlich hinterfragt. Obwohl wir uns eigentlich so sicher waren, geraten wir plötzlich in einen Sturm.

So muss es auch den Jüngern Jesu gegangen sein, als sie damals mit ihrem Boot auf dem See Genezareth unterwegs waren. Die erfahrenen Fischer sind sicherlich sturmerprobt und kennen sich auf dem Wasser gut aus. Und doch geraten sie in Seenot! All ihre Erfahrungen und ihr fachmännisches Wissen reichen nicht mehr aus. Die Situation übersteigt ihre Kompetenzen. Und plötzlich kommt Jesus ihnen auf dem Wasser entgegen:

> Da rief Petrus ihm zu: »Herr, wenn du es wirklich bist, befiehl mir, auf dem Wasser zu dir zu kommen.« »Dann komm«, sagte Jesus. Und Petrus stieg aus dem Boot und ging über das

Wasser, Jesus entgegen. Als er sich aber umsah und die hohen Wellen erblickte, bekam er Angst und begann zu versinken. »Herr, rette mich!«, schrie er. Sofort streckte Jesus ihm die Hand hin und hielt ihn fest. »Du hast nicht viel Glauben«, sagte Jesus. »Warum hast du gezweifelt?« Als sie schließlich zurück ins Boot stiegen, legte sich der Wind.

Matthäus 14,28–32

1. Jesus kommt ihnen im Sturm entgegen

Die Jünger gehören zu den engsten Freunden von Jesus. Doch auch sie geraten in Seenot. Starker Wind bläst ihnen entgegen und wirft hohe Wellen auf (V. 24-25). Doch mitten in diesem Sturm kommt Jesus ihnen auf dem Wasser entgegen und nimmt ihre Not wahr. »Ich bin es! Habt keine Angst!« (V. 27), ruft er ihnen zu. Auch in unserer Ehe können wir in so manchen Sturm geraten. Doch wir dürfen sicher sein: Wir sind in unserer Not nicht allein. Ganz egal, wie groß oder klein sie uns auch erscheint, Jesus nimmt unsere Not wahr und er kommt uns darin entgegen. Er spricht auch uns zu: »Habt keine Angst. Ich bin da!«

2. Petrus lenkt seinen Blick auf Jesus

Als Petrus seinen Blick auf Jesus richtet, verändert sich etwas in ihm. Der Sturm scheint für ihn beinahe ausgeblendet. »Herr, wenn du es wirklich bist, befiehl mir, auf dem Wasser zu dir zu kommen!« Und genau das erlebt Petrus. Im Blick auf Jesus erfährt er das Unbegreifliche! Jesus macht das Unmögliche möglich und Petrus kann über das tosende Meer laufen. Es kann sein, dass sich auch unser Sturm erst einmal nicht verändert, wenn wir unseren Blick auf Jesus lenken. Doch *wir* werden verändert. Denn Jesus kann uns Wege zeigen, die wir vorher nicht für möglich gehalten hätten. Er hat Möglichkeiten, die wir nicht kennen. Mit Blick auf ihn können wir diese neuen Wege beschreiten.

3. Jesus stillt den Sturm

Petrus kommt nicht weit. Als er seinen Blick von Jesus weg auf das Wasser richtet und ihm klar wird, dass ihn noch immer riesige Wellen umgeben, geht er unter. Petrus wird nicht zum Wasserläufer. Aus seiner Kraft kann er es nicht bewirken. Aber Jesus bewirkt es in ihm. Es sind Momente seiner Gnade, in denen wir trotz unseres Sturmes *Schritte wagen* können. Wir sind dazu eingeladen, unseren Blick auf Jesus auszurichten. Wir dürfen seine Möglichkeiten und seine Kompetenzen mit einplanen. Denn er ist an unserer Seite und *er* hat die Macht, unseren Sturm zu stillen. Er streckt uns die Hand entgegen, hält uns fest und bringt uns in Sicherheit.

Anregungen für das Gespräch

- Kennt ihr solche Sturm-Situationen in eurer Ehe, in denen ihr merkt, dass eure Fähigkeiten nicht ausreichen?
- Habt ihr schon einmal erlebt, dass Jesus euch aus dieser Seenot gerettet hat?
- Gibt es aktuell eine Situation in eurem Leben / eurer Ehe, die euch wie ein tobender Sturm vorkommt?
- Inwieweit hilft euch das Wissen, dass Jesus an eurer Seite ist und diesen Sturm stillen kann?

Einladung zum Gebet

Jesus Christus, danke, dass du in jedem Sturm unseres Lebens bei uns bist, egal, wie groß oder klein er auch sein mag. Danke, dass du Wege und Möglichkeiten hast, die viel größer sind als unsere. Hilf uns, uns immer wieder auf dich auszurichten und auf deine Möglichkeiten zu sehen. Danke, dass du in der Lage bist, den Sturm zu stillen, der vielleicht gerade in oder um uns herum tobt. Komm dort hinein. Amen.

20. Das wichtigste Anliegen

Sieben junge Menschen waren wir damals in unserem Hauskreis. Wir wollten das, was Gott uns aufs Herz gelegt hat, in die Tat umsetzen. Wir wollten nicht nur schlaue Worte machen, sondern hatten die Sehnsucht, mit unserem Leben etwas zu verändern. Jeder auf seine Weise, jeder mit seiner Geschichte und dem, was er an Begabungen mitbrachte. Wir wollten losgehen, um Menschen dort zu begegnen, wo sie gerade stehen. Wir haben selbst erlebt, wie Gott uns mit seiner Liebe begegnet. Davon wollten wir nun weitergeben. »Dann lasst uns doch einfach einen Verein gründen!«, lautete die fixe Idee, die an einem dieser Abende entstand. »Wenn es keine Institution gibt, die uns mit unseren unterschiedlichen Ideen unterstützt, dann gründen wir selbst eine.« Und genau das haben wir getan. Wir haben den Verein Sunrise e. V.[1] gegründet. Mittlerweile ist das über zwölf Jahre her und wir können nur staunen, was daraus entstanden ist: die *Villa Wertvoll* in Magdeburg, das Projekt *Wellenbezwingen* im Ruhrgebiet, das Projekt *Herzwärts* in Gütersloh, die *Streetangels* auf Mallorca, ein Musikmissionar u. v. m.

Was ich am meisten an der Arbeit des Vereins schätze, ist, dass wir uns gemeinsam darin unterstützen, Gottes Reich zu unserem *wichtigsten Anliegen* zu machen. Genau dazu lädt uns auch der Bibeltext aus Matthäus 6,33 ein:

> Wenn ihr für ihn lebt und das Reich Gottes zu eurem wichtigsten Anliegen macht, wird er euch jeden Tag geben, was ihr braucht.

Doch das ist heutzutage gar nicht so leicht. Wir sind von ganz anderen Einladungen umgeben. Unsere Gesellschaft sagt uns: »Mach deine eigenen Ziele zu deinem wichtigsten Anliegen. Wenn du nicht für dich sorgst, wer dann?« Es beginnt schon in der Schule. Wir werden dazu angehalten, gute Noten und den bestmöglichen Schulabschluss zu bekommen, um damit unsere beruflichen Chancen zu erhöhen.

Danach werden wir ermutigt, einen guten Beruf zu erlernen, der uns finanziell absichert, damit wir uns all die Annehmlichkeiten leisten können, die wir uns wünschen: ein schönes Haus, ein gutes Auto, reizvolle Urlaube, hübsche Outfits und vieles mehr. Uns wird nahegelegt, dass wir schon in jungen Jahren eine fundierte Altersvorsorge abschließen, damit wir auch in Zukunft ausgesorgt haben. Das ist auch alles nicht schlecht. Die Frage, die sich uns daraus nur stellt, ist: Soll das unser *wichtigstes* Anliegen sein?

»Wir haben für einen Urlaub noch nie so viel Geld bezahlt und dabei so erbärmlich gelebt«, erzählten uns Freunde nach ihrem zweiwöchigen Urlaub in Tansania. Sie hatten mit ihrer vierköpfigen Familie eine Missionsstation besucht, um den Einheimischen vor Ort zu dienen und ihnen zu begegnen. Und sie ergänzten: »Doch wir sind auch noch nie so reich zurückgekommen.«

Solche Berichte begeistern mich, denn hier wollen Menschen wirklich etwas verändern. Sie haben sich dazu entschieden, nicht als Erstes danach zu fragen: »Was haben *wir* nun verdient?« Sondern sie haben Geld, Zeit und Herzblut investiert, um *anderen* zu dienen. In diesem Moment haben sie Gottes Reich zu ihrem wichtigsten Anliegen gemacht und erlebt, dass sie viel reicher zurückkehrten als je aus einem Urlaub zuvor.

Wo wir nicht zuerst unsere Anliegen im Blick haben, sondern *Gottes* Anliegen, da sagt uns Gott zu: Ich werde »euch jeden Tag geben, was ihr braucht!« Wenn wir uns dazu entscheiden, Gottes Anliegen zu unserem wichtigsten Ziel zu machen, werden wir versorgt, vielleicht reicher, als wir erwarten, denn wir werden dabei auch *Gott selbst* begegnen.

Genau das erleben wir seit über zehn Jahren mit unserem Verein. Gott versorgt uns in dieser Arbeit und wir dürfen sein Wirken erleben. Mit der Gründung der *Villa Wertvoll*, mit der wir Kindern und Jugendlichen in Magdeburg dienen wollen, haben wir gerade einen großen Schritt gewagt und viel Geld, Zeit und Herzblut investiert. Doch Gott versorgt uns. Gestern erhielten wir die Nachricht, dass wir einen Aufsitzrasenmäher gewonnen haben, der für die Gartenanlage der Villa perfekt ist und der auch noch in unseren Vereinsfarben ist. Gott hat wirklich Humor.

Anregungen für das Gespräch

- Möchten wir uns gemeinsam herausfordern lassen, Gottes Reich zu unserem wichtigsten Anliegen zu machen?
- Wo machen wir das bereits?
- Wo können wir uns weiter darin ermutigen?

Einladung zum Gebet

Jesus Christus, du zeigst uns, dass wir dein Reich zu unserem wichtigsten Anliegen machen sollen. Du weißt, dass uns das herausfordert. Ermutige du uns und lass uns immer wieder neu erleben, dass es sich lohnt, dir zu vertrauen. Hilf uns, dass wir einander darin unterstützen. Amen.

21. Chillen oder beten?

»Holger, wir wollten doch noch zusammen beten!«, höre ich meine Frau in meine abendliche Entspanntheit sagen. »Och nö«, denke ich, »jetzt nicht auch noch beten. Dazu hab ich grad gar keine Lust.« Das sage ich aber nicht, ich bin ja Pastor. Und beten ist ja auch immer richtig. Da will man sowas nicht sagen. Ich habe gerade aber wirklich keine Lust, selbst dann nicht, wenn ich kein Pastor wäre. Trotzdem fühle ich mich irgendwie schuldig in diesem Moment. Sie will das geistliche Leben beleben, ich hänge wie ein Faultier auf dem Sofa rum.

Was soll ich machen? Mich aufraffen, mich etwas auf dem Sofa aufrichten und lächeln? Ich entscheide mich gegen das Lächeln und das Aufrichten. Aber ich nehme die Einladung an. »Okay«, höre ich mich murmeln, »dann lass uns das machen«, und schließe dabei genüsslich meine Augen. Ich spüre, dass meine Frau etwas unsicher neben mir Platz nimmt. »Willst du schlafen oder beten?«, fragt sie mich. »Eigentlich keins von beidem«, denke ich, »einfach nur chillen.« Das ist die Wahrheit. Und dennoch weiß ich, dass mir meine Frau auf diese Weise immer wieder die einmalige Chance zum gemeinsamen Gebet gibt.

Mir passt das nicht immer, aber es ist gut. Daher gehe ich darauf ein. Und dann merke ich, dass mir diese gemeinsame Zeit des Betens einfach guttut. Hinterher bin ich meist noch relaxter und entspannter und wir einander näher: sowohl wir mit Gott als auch untereinander.

Beten ist nicht leicht. Zumindest geht es mir so. Ich bin nicht der große Beter. Kleinste körperliche Bedürfnisse können mich vom Beten abhalten. Ich wäre – wie die Jünger damals – einfach eingeschlafen, während Jesus in der Nacht des Verrates mit Gott rang (vgl. Lukas 22,45). Mir helfen auch keine guten Vorsätze. Aber ich habe gemerkt, dass ich Möglichkeiten nutzen will, die sich mir bieten. Und verschiedene Formen helfen mir, das Gespräch mit Gott zu suchen. Wenn ich allein spazieren gehe, beginne ich unbewusst zu beten. Manchmal in der dritten Person – das klingt dann wie eine Predigt oder ein Psalm, aber ich bete. Der Rahmen schenkt mir den Zugang zum Inhalt. So ähnlich geht es vielleicht auch manchem Mönch, der durch das Stundengebet immer wieder angeregt wird, die Gemeinschaft mit Gott zu suchen. Meine Frau ist auch so eine Hilfe. Wenn sie mich zum Gebet einlädt, dann nehme ich das an und merke, dass es mir wirklich guttut.

> Wahrlich, ich sage euch auch: Wenn zwei unter euch einig werden auf Erden, worum sie bitten wollen, so soll es ihnen widerfahren von meinem Vater im Himmel. Denn wo zwei oder drei versammelt sind in meinem Namen, da bin ich mitten unter ihnen.
>
> Matthäus 18,19-20 (LUT)

Gott ist bei uns. Immer. Das ist sein Name, sein Programm, sein Wesen. Aber wir sind nicht immer bei Gott. Beten schafft Raum, sich auf die Gemeinschaft mit Gott einzulassen. Zusammen zu beten fällt vielen Paaren schwer. Dennoch ist das kein Grund, es nicht zu versuchen. Vielleicht braucht es nur andere Formen oder neue Impulse. Oder einfach einen, der den anderen einlädt. Es geht beim Beten nicht um wohl formulierte Worte in den leeren Raum hinein, sondern um die gemeinsame Begegnung mit Gott.

Daher lade ich euch heute zum gemeinsamen Gebet ein. Gestaltet das Gebet doch einfach mal als gemeinsame Begegnung mit Gott. Stellt euch vor: Gott will euch etwas sagen, nicht ihr ihm. Wenn euch das gemeinsame Gebet schwerfällt, dann einigt euch darauf, dass ihr fünf Minuten miteinander in der Stille verbringt. Jeder darf einfach nur auf Gott hören. Ihr könnt die gemeinsame Zeit beginnen, indem einer den Satz aus 1. Samuel 3,10 (LUT) spricht: »Rede, denn dein Knecht hört!«. Und dann sagt einer nach fünf Minuten »Amen«. Anschließend tauscht euch darüber aus, was ihr in dieser Zeit *erlebt* habt: Hat einer von euch einen Gedanken im Kopf gehabt? Oder ein Lied, ein Gefühl oder nichts?

Nicht alle Eindrücke müssen von Gott kommen. Vielleicht sind auch nur komische Impulse dabei oder das ein oder andere Thema kommt zur Sprache, das schon immer mal dran war. Manchmal kann

Gott aber durch solche Momente der gemeinsamen Stille viel mehr reden und mehr Einheit und Tiefgang schenken als durch 1000 Worte.

Anregungen für das Gespräch

- Könnt ihr zusammen beten?
- Wie würdet ihr in Zukunft gerne miteinander beten? Helfen euch feste Gebete oder Gebetszeiten?

Einladung zum Gebet

Jesus hat uns ein Gebet im Neuen Testament als eine Art Anleitung geschenkt. Betet dieses doch einmal miteinander:

> Vater unser im Himmel,
> geheiligt werde dein Name.
> Dein Reich komme.
> Dein Wille geschehe,
> wie im Himmel, so auf Erden.
> Unser tägliches Brot gib uns heute.
> Und vergib uns unsere Schuld,
> wie auch wir vergeben unsern Schuldigern.
> Und führe uns nicht in Versuchung,
> sondern erlöse uns von dem Bösen.
> Denn dein ist das Reich
> und die Kraft und die Herrlichkeit
> in Ewigkeit. Amen.[2]

22. Filterglaube

> Überlasst all eure Sorgen Gott, denn er sorgt sich um alles, was euch betrifft!
>
> 1. Petrus 5,7

»Mama, wir müssen beten!«, höre ich meine zweijährige Tochter aus dem Wohnzimmer rufen. Sie steht mit sorgenvollem Gesicht vor unserem Wohnzimmertisch, auf dem sich eine Blumenvase mit Blumen befindet. »Die Blumen!«, ruft sie entsetzt und zeigt mit ausgestrecktem Arm auf den welkenden Strauß.

Kinder begeistern mich. Sie sind mir im Glauben oft ein Vorbild. In ihrer Bedürftigkeit und Schwachheit erzählen sie Gott ganz unbedarft all ihre Sorgen. Als Erwachsener weiß ich natürlich, dass die Haltbarkeit von Blumen in einer Vase begrenzt ist. Aus diesem Grund würde ich niemals auf die Idee kommen, für verwelkte Blumen zu beten. »Das ist doch viel zu unwichtig und banal«, denke ich mir. Genau das macht manchmal den Unterschied zwischen uns Erwachsenen und den Kindern aus.

In 1. Petrus 5,7 werden wir allerdings eingeladen, *all* unsere Sorgen Gott zu überlassen. Ich habe manchmal den Eindruck, dass wir stattdessen unsere Anliegen filtern, bevor wir mit Gott ins Gespräch kommen: Was ist wahrscheinlich und was macht Sinn? Was ist einfach viel zu banal und zu unwichtig? Nur mit den Sorgen, die es schaffen, durch unsere Filter hindurch zu gelangen, wenden wir uns tatsächlich an Gott. Doch warum übernehmen eigentlich wir die Vorauswahl? Warum bleiben wir mit manchen Sorgen so lange allein? Warum überlassen wir es nicht Gott, ob bestimmte Sorgen für ihn wichtig oder nicht so wichtig sind?

Wir sind besorgt, weil wir als Ehepaar zu wenig gemeinsame Zeit im Alltag finden. Wie wäre es, wenn wir das nächste Mal dafür beten? Wir machen uns Sorgen um unsere Altersvorsorge, weil wir nicht wissen, wie wir damit verantwortungsvoll umgehen sollen. Wie wäre es, wenn wir Gott in unsere Sorgen und Gedanken hineinlassen? Wir sorgen uns um unser bevorstehendes Ehewochenende, weil wir beim letzten Mal mit so unterschiedlichen Erwartungen hineingegangen sind und am Ende total frustriert waren. Wie wäre es, wenn wir das Gott schildern?

Alle unsere Sorgen um unsere Ehe, unseren Job, unsere Freunde, unsere Hobbys und um unsere Zukunft dürfen wir Gott bringen, weil wir ihm wichtig sind! Er ist unser himmlischer Vater, der für uns sorgen möchte. Er sagt uns selbst zu:

> Wenn nun ihr, die ihr doch böse seid, dennoch euren Kindern gute Gaben geben könnt, wie viel mehr wird euer Vater im Himmel Gutes geben denen, die ihn bitten.
> **Matthäus 7,11 (LUT)**

Gott ist an uns und dem, was uns besorgt, interessiert! Wie ein liebevoller Vater freut er sich, wenn wir als seine Kinder ihn an unserem Leben und an unseren Sorgen teilhaben lassen. Wo wir Gott nicht in unsere Sorgen hineinlassen, da halten wir ihn außen vor. Und an den Punkten, wo er nicht hineindarf, unterscheidet sich unser Leben nicht von dem Leben der Menschen, die Gott nicht kennen. Deshalb lädt er uns dazu ein, mit *all unseren Sorgen* zu ihm zu kommen.

Gott sorgt sich um uns. Er hat seinen ganz eigenen Zeitplan und manchmal hat er auch ganz andere Wege und Möglichkeiten. Aber vor allem weiß er, was wirklich wichtig für uns ist. Die Blumen waren es damals nicht. Sie sind nicht von Neuem erblüht, nachdem wir gebetet haben. Aber vielleicht überrascht Gott uns an anderen Stellen damit, dass er etwas für wichtig erachtet, was wir gar nicht im Blick hatten.

Heute dürfen wir Gott all unsere Sorgen nennen. Er sagt uns zu, dass *er* sich um alles kümmert, was uns betrifft. Wir brauchen uns wiederum nicht sorgen, dass wir dadurch Mangel erleben werden. Diese Sorge um unseren Mangel dürfen wir ihm auch gleich bringen. Und jedes Mal, wenn wir erleben, dass Gott sich tatsächlich um alles sorgt, was uns betrifft, werden wir erneut ermutigt, ihm immer mehr unserer Sorgen zu überlassen.

Anregungen für das Gespräch

- Kennt ihr solche Filter in euren Gebeten?
- Welche Sorgen aus eurem Filter solltet ihr Jesus heute sagen?

Einladung zum Gebet

Jesus Christus, danke, dass wir dir all unsere Sorgen überlassen dürfen. Wir brauchen sie nicht mit uns herumschleppen, denn damit verändern sie sich auch nicht. Aber wir dürfen erleben, dass sich etwas verändert, wenn wir sie dir überlassen! Wir sorgen uns gerade um _____. Du hast uns zugesagt, dass du dich darum kümmern wirst. Darauf vertrauen wir. Zeig uns, wie viel mehr Möglichkeiten du hast, diese Dinge zu verändern. Ermutige uns, dir immer mehr von unseren Sorgen anzuvertrauen, damit wir erleben dürfen, wie gut du für uns sorgst. Amen.

23. Jesus in unserem Haus

Wir gratulieren euch! Dass ihr dieses Buch mal wieder zur Hand genommen habt, zeigt, dass ihr ein Interesse daran habt, mit Jesus gemeinsam eure Ehe zu gestalten. Das ist nicht selbstverständlich. Das ist vielmehr ein ganz wunderbares Geschenk, das Gott bereits in euch hineingelegt hat!

Heute habt ihr euch bereits dazu entschieden, eure Zeit gemeinsam mit Jesus zu teilen und ihn einzuladen in eure Gemeinschaft. Genau das tat auch Jairus:

> Noch während Jesus sprach, trat der Vorsteher einer Synagoge zu ihm, kniete vor ihm nieder und sagte: »Meine Tochter ist gerade gestorben, aber du kannst sie wieder lebendig machen, wenn du nur kommst und ihr die Hände auflegst.«
> Als Jesus ins Haus des Vorstehers kam, fand er laut weinende Menschen vor und hörte Trauermusik. Da sagte er: »Geht hinaus, das Mädchen ist nicht tot; es schläft nur.« Aber die Menge lachte ihn aus. Als die Leute endlich alle draußen waren, ging Jesus zum Mädchen hinein, nahm es bei der Hand, und es stand auf. Die Nachricht von diesem Wunder verbreitete sich wie ein Lauffeuer in der ganzen Gegend.
>
> Matthäus 9,18-19.23-26

Im Leben von Jairus ist etwas wirklich Schlimmes geschehen. Seine Tochter ist gestorben. Das ist unsagbar traurig. Doch während alle anderen Menschen seines Umfelds sich den Umständen ausgeliefert fühlen und zu weinen und zu jammern beginnen, gibt sich Jairus damit nicht zufrieden.

Im übertragenen Sinn erscheint mir das in unseren Ehen manchmal ähnlich. Wir erleben, dass Nähe, Lebendigkeit, Leidenschaft und Liebe zwischen uns immer mehr *absterben*. Wir sind traurig darüber, doch wir fühlen uns den Umständen ausgeliefert: »Wie sollen wir das alles bloß schaffen? Wir Armen! Die ganze Arbeit! Wir haben einfach keine gemeinsame Zeit! All die Anforderungen, die andere und wir an uns stellen. Das Leben nimmt uns voll ein. Viel zu schnell rast die Zeit dahin. Und wenn Zeit da ist, sind wir viel zu müde und erschöpft …« Wir beginnen darüber zu jammern, wie schlimm unsere Umstände sind und wie sehr wir darunter leiden. Und wir beginnen unser Wehklagen. Doch damit verändern wir nichts.

Heute macht ihr einen Unterschied. Ihr gebt euch damit nicht zufrieden – genauso wenig wie Jairus. Er wird in Anbetracht seines Leides aktiv. Er lässt sich nicht einfach vom Fluss des allgemeinen Klagens mitreißen. Nein, er beginnt zu gestalten. Konkret wird das an drei Punkten sichtbar, zu denen ihr heute ebenfalls eingeladen seid:

1. Jairus geht zu Jesus und kniet vor ihm nieder

Ihr seid eingeladen, im Gebet still zu werden und euch bewusst zu machen, wem ihr begegnet: Jesus ist nicht ein kleiner Teil des Ganzen. Nein, er steht über allem und auf ihn hin ist alles ausgerichtet! Ihm ist alle Macht gegeben. Er kann sogar Tote zum Leben erwecken.

2. Jairus berichtet Jesus von seiner Situation

Wo sind Bereiche, in denen bei euch gerade etwas *abzusterben* droht? Was fordert euch heraus? Erzählt Jesus im Gebet von eurer Lebenssituation und euren Themen.

3. Jairus bittet Jesus in sein Haus

Ihr dürft Jesus in *euer Haus* – eure Ehe – einladen, damit *er* dem begegnen kann, was zu sterben droht. Bittet ihn: »Komm in unsere Ehe hinein, Jesus!« Natürlich braucht Jesus keine förmliche Einladung, um bei euch zu sein. Schließlich ist er ja der *Gott in uns*! Das Problem ist häufig nur, dass wir nicht ganz *bei uns* sind. Wir sind mit so vielen Dingen gleichzeitig beschäftigt, dass wir uns in unseren Gedanken an den unterschiedlichsten Orten befinden. Es fällt uns wahnsinnig schwer, ganz bei uns selbst zu sein – und damit auch ganz bei Gott.

Diese drei Dinge verändern das Leben von Jairus und es rettet das Leben seiner Tochter. Jesus kann auch unser Leben verändern und das Totgeglaubte lebendig machen. Denn vielleicht ist es gar nicht tot, sondern schläft nur.

Anregungen für das Gespräch

- Welcher der genannten drei Punkte fällt euch am schwersten? Warum?
- Wo wünscht ihr euch, dass etwas Totgeglaubtes wieder zum Leben erweckt wird? Wäre jetzt ein guter Moment, mit diesem Anliegen zu Jesus zu gehen?
- Was hilft euch, ganz bei euch selbst und damit auch ganz bei Gott zu sein?

Einladung zum Gebet

Jesus Christus, danke, dass du uns dazu ermutigst, mit dem, was uns auf dem Herzen liegt, zu dir zu kommen. Danke, dass wir dir von allem erzählen dürfen, was uns bewegt. Wir bitten dich: Komm du in unser Haus und in unsere Ehe hinein. Amen.

24. Wahre Liebe

»Ich wünsche mir ein Einhorn zum Geburtstag.« »Sei realistisch!« »Okay, dann wünsche ich mir wahre Liebe.« »Welche Farbe soll das Einhorn haben?« Ich schmunzle. Wieder einmal stehe ich vor einem Postkartenständer und lese mir Lebensweisheiten durch. »Wahre Liebe«, denke ich, »eine Sehnsucht, die wohl irgendwie in jedem von uns schlummert.« Darum nimmt auch die Bibel dieses Thema der Liebe an sehr vielen Stellen auf.

> Die Liebe ist geduldig und freundlich. Sie ist nicht neidisch oder überheblich, stolz oder anstößig. Die Liebe ist nicht selbstsüchtig. Sie lässt sich nicht reizen, und wenn man ihr Böses tut, trägt sie es nicht nach. Sie freut sich niemals über Ungerechtigkeit, sondern sie freut sich immer an der Wahrheit. Die Liebe erträgt alles, verliert nie den Glauben, bewahrt stets die Hoffnung und bleibt bestehen, was auch geschieht.
>
> 1. Korinther 13,4–7

Das klingt doch wirklich nach wahrer Liebe. Doch irgendwie fast zu schön, um wahr zu sein. So bin ich nicht! Besser gesagt, hier wird all das beschrieben, was ich gerade *nicht* bin. Geduldig – echt nicht. Freundlich – bin ich immer dann, wenn andere auch freundlich sind, sonst wird's eng. Neidisch? Bin ich allein schon deswegen, weil Holger abends viel mehr Süßigkeiten verdrücken kann, ohne dass es sichtbare Konsequenzen mit sich bringt. Nicht selbstsüchtig? Lässt sich nicht reizen? Nein. Hör auf! Das trifft nicht auf mich zu. Solche Bibelstellen, die mir deutlich machen, was ich alles *nicht bin* und *nicht kann*, frustrieren mich schnell. Sie klingen wie der Appell Gottes à la: »Um ein heiliges Ehepaar zu sein, müsst ihr genau so lieben können! Haut rein!« Das ist doch unmenschlich. Wenn ich die Bibel im Imperativ lese, vergeht mir schnell die Freude daran. »Sei selbstlos! Sei nicht überheblich!« Mich erschlägt das und darum schlag ich meine Bibel eher zu!

Doch stopp, davon ist hier gar nicht die Rede, denn dies ist vor allem Gottes Selbstbeschreibung. In 1. Johannes 4,16 lesen wir: »Gott ist die Liebe.« Zunächst einmal ist Gott selbst all das, was hier beschrieben wird. Er beschreibt sich selbst damit und stellt sich uns persönlich vor: »Liebes Ehepaar, die ihr auf dem Weg seid, einander zu lieben, *ich bin* übrigens diese Liebe in meinem Wesen!« Das tut er, damit wir Sicherheit in der Beziehung zu ihm gewinnen. Ganz egal, wie oft ihr die gleichen Fehler machen werdet, und ganz gleich, wie oft ihr stolpern werdet: *Er* heißt euch immer willkommen, denn *er* ist stets geduldig und freundlich! Ganz gleich, was ihr auch tut, er vergibt gerne und trägt es euch nicht nach! All das, was in 1. Korinther 13 geschrieben steht, beschreibt erst einmal Gottes Wesen: nicht neidisch, nicht selbstsüchtig, lässt sich nicht reizen … So ist Gott! *Er* ist diese Liebe!

Diese Passage in 1. Korinther macht deutlich, was menschlich und was göttlich ist. Was hier beschrieben wird, ist ohne Frage unmenschlich – und somit de facto göttlich! Und all das, was göttlich ist, das können wir uns nicht erarbeiten, indem wir uns ganz stark darum bemühen. Es wächst vielmehr aus der Beziehung zu Gott. Es wächst in dem Maße, in dem Gott in uns Raum gewinnt. Es ist wie die Frucht eines Baumes, die der Baum nicht selbst aus sich herauspressen kann. Sie wächst, weil es in ihm angelegt ist und weil er gut versorgt wird. Dort, wo wir die Gemeinschaft mit Gott suchen und ihm selbst – also seiner Liebe zu uns – begegnen, dort werden wir versorgt und er darf in uns wachsen.

Dass ihr beide euch heute gemeinsam Zeit nehmt, ist bereits ein Ergebnis davon, dass Gott in euch am Werk ist. Er hat bereits Raum in eurem Leben. Und euch gilt immer wieder sein Angebot: »Darf ich euch mit meiner göttlichen Liebe begegnen?« Wenn ihr mögt, dürft ihr heute auf diese Frage mit dem folgenden Gebet antworten.

Einladung zum Gebet

Gott, deine Liebe ist wirklich göttlich. Wir stehen gerade ganz am Anfang unserer Liebe. Und es fühlt sich toll an, so verliebt zu sein! Danke für dieses Geschenk! Aber unsere Liebe ist auch begrenzt – du weißt das ja. Wie cool wäre es, wenn du uns zeigst, wie du in uns wachsen kannst, damit deine Liebe in uns groß wird. Bitte begegne uns mit deiner Liebe zu uns. Amen.

25. Gemeinsam sind wir stark

Großer Bahnhof in der Kneipe. Junggesellenabschied: »Der letzte Abend in Freiheit.« Ich weiß ehrlich gesagt nicht, wer sich diesen Quatsch ausgedacht hat. Also nicht den Junggesellenabschied – das mag lustig und gut sein –, sondern den Gedankenhorizont, dass mit der Ehe die Freiheit aufhört und dann *Schluss mit lustig* ist. Leider ist dieses Denken sehr präsent. Dabei stimmt das doch gar nicht. Natürlich habe ich mich auf eine Frau festgelegt, aber die wollte ich ja auch. Und darum *beginnt* die Freiheit in so vielen Lebenskontexten mit der Bindung an einen Partner eigentlich erst. Denn nun eröffnen sich mir Möglichkeiten, die es vorher nicht gab:

- Ich muss keinen Partner mehr finden, ich habe einen. Das befreit. Die Suche hat ein Ende.
- Personen des anderen Geschlechts wissen: Da ist jemand verheiratet. Das kann einen befreiten Umgang schenken, weil die Fronten geklärt sind.
- In vielen persönlichen Entscheidungen und Überlegungen stehe ich nicht mehr alleine da, sondern habe einen vertrauten Menschen, der sich für mich entschieden hat und der zu mir steht.

Die Bibel drückt das in folgender Weise aus:

> Zwei haben es besser als einer allein: Zusammen erhalten sie mehr Lohn für ihre Mühe. Wenn sie hinfallen, kann einer dem anderen aufhelfen. Doch wie schlecht ist der dran, der allein ist und fällt, und keiner ist da, der ihm beim Aufstehen hilft! Es können sich zwei, die in einer kalten Nacht unter einer Decke liegen, aneinander wärmen. Doch wie kann einer, der alleine liegt, warm werden? Ein Einzelner kann leicht von hinten angegriffen und niedergeschlagen werden; zwei, die zusammenhalten, wehren den Überfall ab. Und: Ein dreifaches Seil kann man kaum zerreißen.
>
> Prediger 4,9–12

Der Vorteil zu zweit

Die Bibel zeigt uns hier ganz praktisch die Vorzüge einer Beziehung auf. Wir können uns helfen, ergänzen, genießen und das Leben zusammen meistern. Wir stehen nicht alleine da! Die Freiheit endet nicht mit der Partnerschaft und der Bindung, sondern sie beginnt erst dort, wo ich jemanden an meiner Seite habe, auf den ich mich in dieser Vertrautheit verlassen kann. Sich zu binden bedeutet eben nicht, unfrei zu werden. Stattdessen schenkt die Bindung ganz neue Freiheiten, zum Beispiel in der Intimität. Und hier geht es ja wirklich um intime Dinge, denn ich würde nicht unbedingt mit allen unter einer Decke liegen wollen, um mich anzukuscheln.

Der Vorteil mit Gott an unserer Seite

Und dann gibt uns der Prediger noch einen ganz dezenten Hinweis darauf, dass eine Ehegemeinschaft mit Gott noch viel mehr Kraft und Stärke hat: »Ein dreifaches Seil kann man kaum zerreißen.« Hauptsächlich philosophiert das Buch Prediger sehr realistisch über das Leben im Hier und Jetzt. Es hat eine etwas depressive Grundstimmung – nach dem Motto: Das Leben ist kurz und sinnlos. Aber es blitzt immer wieder die Perspektive der Ewigkeit auf. Es zeigt uns: Es gibt noch mehr zwischen Himmel und Erde, als ihr im Alltäglichen wahrnehmen könnt.

Viel zu oft lassen wir die bewusste Gemeinschaft mit Gott in unserer Ehe außen vor. Ich sage es mal so: Unser Leben mit Gott ist oft sehr dezent. Der Himmel öffnet sich nur recht wenig. Und dennoch habe ich eine leise Ahnung, dass Gott immer da ist und ganz still und leise unsere Ehe begleitet. Er wirkt mit an unserer Zweisamkeit und freut sich darüber. Er ist das dritte Seil, das unsere Ehe stärkt. Dieser Gedanke macht mir Mut. Gott ist da – als Grundlage, Basis, Zufluchtsort und sicherer Anker. Dieser Gott trägt und hält unsere Ehe auch über unser bewusstes Bitten und Verstehen. Er ist die dritte Schnur, die auf eine sehr feine Art und Weise Qualität in unsere Beziehung bringt. Er drängt sich nicht auf und bedrängt uns nicht. Aber wo immer wir Gottes Gegenwart wahrnehmen, dort haben wir diese Perspektive der Ewigkeit vor Augen: »Habt keine Angst, ich bin mit in eurer Gemeinschaft und stärke sie.«

Diese Wahrheit über die Gegenwart Gottes in unserer Ehe schenkt mir eine Freiheit, die mein Verstehen übersteigt. Daher bin ich immer wieder dankbar, mich für eine gläubige Partnerin entschieden zu haben. Durch sie kann ich eine Gemeinschaft erleben, die meinen Blick für die Ewigkeit öffnet.

Anregungen für das Gespräch

- Wo schenkt euch eure Beziehung neue Freiheiten?
- Wo habt ihr den Eindruck, dass euch die Ehe einengt und euch die Freiheit raubt?
- Wo nehmt ihr Gott als den Dritten im Bunde wahr?

Einladung zum Gebet

Jesus Christus, allmächtiger Gott, danke für die Freiheit, die wir durch die Ehe ganz neu erleben dürfen. Wir wollen nicht den Lügen glauben, dass uns diese Bindung in eine Unfreiheit führt. Danke, dass du uns in unserer Beziehung umgibst und uns stärkst. Amen.

26. Einmal ein Held sein

Die Bibel erzählt so viele Heldengeschichten, zum Beispiel die von Maria. Maria war ein unbedeutendes junges Mädchen, das Gott auserwählte und zu einer Heldin machte:

> »Hab keine Angst, Maria, ... Gott liebt dich und hat etwas Besonderes mit dir vor.«
>
> Lukas 1,30 (HFA)

Etwas Besonderes, etwas Heldenhaftes. Das klingt reizvoll. Und schon kommen mir Helden in den Sinn und in meinem Kopf spielt sich großes Kino ab: kämpferisch wie William Wallace im Film *Braveheart,* als er mit Kriegsbemalung sein Schwert in die Lüfte streckt und zum Kampf für die Unabhängigkeit Schottlands aufruft. Oder ganz liebenswürdig wie Sissi in dem Film *Schicksalsjahre einer Kaiserin*. Durch ihren Charme und ihre Herzlichkeit, erobert die Kaiserin von Österreich das ganze ungarische Volk. Schon oft habe ich selbst in bewegenden Szenen und unter Einsatz meines Lebens *mein Volk* in die Freiheit geführt und manchen Sieg errungen – *zumindest in meinem Kopf*!

Maria ist auch so eine Heldin. Gott hat dieses junge, unscheinbare Mädchen zu etwas Besonderem gemacht. Und weil ich die Geschichten der Bibel gerne vom Happy End her lese und weiß, wie sie ausgehen, mische ich auch bei Maria sehr viel Film-Pathos hinein.

Dabei hat die Geschichte nicht sehr glamourös begonnen: ein unverheiratetes Mädchen, das plötzlich aus einem sehr fragwürdigen Grund unehelich schwanger wird. Ein Drama, das ihre Beziehung zu ihrem Verlobten auf eine Zerreißprobe stellt. Und schließlich dann die unbequeme Reise in unbekanntes Terrain – raus aus dem vertrauten Umfeld und hinein in die Ungewissheit. Was wird kommen? Wie sollen wir das nur schaffen? All das weiß Maria nicht. Und letztendlich ist niemand da! Niemand, der ihnen Unterschlupf und Schutz bietet. Hochschwanger wäre das für mich purer Stress. Und nur, weil in der Bibel nichts darüber geschrieben steht, heißt das noch lange nicht, dass es für Maria nicht auch so war. Was am Ende so heldenhaft klingt, wirkt in der Situation schwierig und chaotisch.

Aber aus dieser Perspektive nehmen wir unser Leben wahr – im Hier und Jetzt. Wir sehen unser Leben nicht vom heldenhaften Ende her, sondern stehen eher in der chaotischen Gegenwart. Doch wie können wir mit solchen Situationen umgehen, die wir als schwierig empfinden? Wie stellt Maria sich ihren Herausforderungen?

1. Sie nimmt es an

»Ich will mich Gott ganz zur Verfügung stellen«, antwortete Maria (Lukas 1,38; HFA). In Maria scheint ein wenig Abenteuergeist zu stecken, denn sie nimmt das an, was der Engel ihr aufs Herz legt. Sie stellt sich Gott ganz zur Verfügung: mit ihren Fragen, ihren Sorgen, ihren Zweifeln. Denn die gehören dazu. Doch sie bestimmen nicht Marias Entscheidung. Ihre Entscheidung liegt der tiefen Verbundenheit mit Gott zugrunde: »Ich bin des Herrn«, wie es an dieser Stelle in der Lutherbibel heißt. Maria weiß, sie gehört zu Gott. Das ist ihre Lebensgrundlage, ein unveränderbares Fundament. Es ist ihre Identität. Sie kann gar nicht anders.

2. Sie sucht Gemeinschaft

»Bald danach machte sich Maria auf den Weg ins Bergland von Judäa und eilte so schnell wie möglich in die Stadt, in der Elisabeth und ihr Mann Zacharias wohnten« (Lukas 1,39; HFA). Maria bleibt mit ihrer neuen und unklaren Situation nicht allein. Sie sucht den Austausch mit Menschen, die sie voranbringen und die Perspektive Gottes mit einkalkulieren. Wäre sie zu den falschen Personen gegangen, hätte sie eventuell noch gehört: »Du musst das Kind abtreiben. Du bist nicht verheiratet. Was soll aus dir werden?« Aber sie weiß, dass Elisabeth und Zacharias Menschen sind, die Gottes Perspektive im Blick haben und eine wertvolle Wahrnehmung besitzen.

3. Sie bleibt im Gespräch mit Gott

Durch die Begegnung mit Elisabeth gestärkt, sucht Maria das Gespräch mit Gott: »Von ganzem Herzen preise ich den Herrn. Ich freue mich über Gott, meinen Retter. Mir, seiner Dienerin, hat er Beachtung geschenkt, und das, obwohl ich gering und unbedeutend bin … Gott hat große Dinge an mir getan, er, der mächtig und heilig ist!« (Lukas 1,46-49; HFA). Mitten im Lebenschaos schaut Maria auf Gott, denn sie weiß: Er hält alles in seiner Hand. Er ist am Werk. Er hat Interesse daran, dass das geschieht, was er längst vorbereitet hat. Und darüber kann sie nur staunen.

Ich kann mir gut vorstellen, dass Maria sich nicht wie eine Heldin gefühlt hat. Dafür gab es zu viele Herausforderungen in ihrem Leben. Doch ihre Geschichte führt zu einem guten Ende, einem Happy End. Denn sie stellt sich den Herausforderungen ihres Lebens. Nicht allein, sondern mit Gott und ihren Mitmenschen.

Anregungen für das Gespräch

- Wie geht ihr mit herausfordernden und chaotischen Situationen um?
- Wen sucht ihr auf, wenn es um wichtige Entscheidungen in eurem Leben geht?
- Seid ihr mit Gott im Gespräch über das, was euch bewegt?

Einladung zum Gebet

Jesus Christus, danke, dass du auch unser Leben auf einen guten Weg leiten möchtest. Danke, dass wir dabei nicht allein bleiben müssen. Du stellst uns Menschen zur Seite, die uns unterstützen. Zeig uns diese Personen. Danke, dass wir auch mit dir im Gespräch sein dürfen. Leite du uns durch unser Chaos und unsere Herausforderungen hindurch. Amen.

Wie

27. Ja mit Gottes Hilfe

> Ich lebe, aber nicht mehr ich selbst, sondern Christus lebt in mir. Ich lebe also mein Leben in diesem irdischen Körper im Glauben an den Sohn Gottes, der mich geliebt und sich selbst für mich geopfert hat.
>
> **Galater 2,20**

»Ja, mit Gottes Hilfe.« So beginnt die Ehe. Zumindest haben wir beide uns das so im Standesamt versprochen. Und da beginnt nach deutschem Recht die Ehe. »Ja, mit Gottes Hilfe«, wollten wir auch noch einmal in unserem Traugottesdienst wiederholen. Doch in der Vorbereitung bekam ich plötzlich Schwierigkeiten mit dieser Formulierung. Dieses »mit Gottes Hilfe« klang für mich wie: »Ja, ich versuche es. Aber weil ich so ein Versager bin, schaffe ich das alleine nicht. Ich bin auf Hilfe angewiesen. Und daher soll der liebe Gott immer dann durch die Hintertür kommen, wenn ich einen Notnagel brauche.« Irgendwie komisch: Andere bekommen ihre Beziehung doch auch ohne diesen Notnagel-Gott hin. Warum soll ich im Eheversprechen diesen Offenbarungseid leisten?

Es hat etwas länger gedauert, bis mir klar wurde: Der Zusatz im Versprechen ist gar kein Notnagel, sondern ein grundsätzliches Bekenntnis. So wie ich mich auch durch meine Taufe zu Gott bekenne und sage: »Mein Leben soll nicht ohne dich gelingen«, genauso bekenne ich mich mit der Ehe zu Gott und sage: »Meine Ehe soll nicht ohne dich gelingen, lieber Gott. Ich kalkuliere deine Hilfe und deinen Beistand mit ein.« Für mich wurde mein Versprechen dann zu einem Bekenntnis vor Gott: »Liebe Gäste, heute bekenne ich: Ich will die Ehe nicht ohne Gott hinbekommen. Ich will die Ehe nicht ohne Gott leben. Ich baue die Ehe auf Jesus Christus auf, der unsere gemeinsame Grundlage ist.« Oder, um es mit dem Bibelvers aus Galater 2, 20 zu sagen: »Es gibt den Holger nicht mehr ohne Gott. Ich lebe nicht alleine, sondern mit Gott. Daher gibt es für mich auch keine Ehe ohne diesen Gott.«

So ein Bekenntnis ist natürlich auch eine Kapitulation. Wir bekennen damit, dass wir es nicht alleine hinbekommen. Aber wir müssen und wollen es auch nicht ohne Gott schaffen. Darum hat mich die Eheschließung auch in meiner Beziehung zu Gott noch einmal herausgefordert. Lebe ich wirklich so, dass ich Gott mit einkalkuliere? Was bedeutet das eigentlich für mich, dass Christus in mir wohnt und er meine Grundlage ist?

Viel zu oft lebe ich so, als ob es Gott nicht gäbe. »Hättest du heute schon gemerkt, wenn Gott gestern gestorben wäre?«, fragte mich ein Freund vor einiger Zeit einmal. Eine von den Fragen, die ich mag, weil man sehr lange darüber philosophieren kann. Aber an vielen Tagen muss ich bekennen: »Nein, ich glaube, ich hätte es noch nicht mitbekommen.«

Christus lebt in mir. Das ist ein Geheimnis, das ich immer noch nicht ganz begreife. Ich stehe dann manchmal staunend vor einem Spiegel und sage mir: »Super, Gott, dass du jetzt auch hier bist. Ich kann dich nicht direkt sehen, aber ich vertraue dir, dass du auch hier bist und das Gleiche siehst wie ich gerade.«

Mit der Hochzeit kam dann noch eine neue Dimension dazu: Jesus wohnt in mir und meiner Frau und ist somit Teil unserer Ehegemeinschaft. Was bedeutet es, wenn Jesus die Grundlage unserer Ehe ist und in uns wohnt? Was verändert das in unserer Ehe?

Ich muss eingestehen, dass ich auf diese großen Fragen nur kleine Antworten habe. Bei uns läuft das eher praktisch ab. Manchmal habe ich den Eindruck, dass Gott durch meine Frau zu mir spricht. Und das nehme ich dann dankbar auf. Natürlich ist das auch nicht immer so leicht zu unterscheiden, wann Gott durch meine Frau spricht und wann sie einfach etwas sagt. Aber da Gott in meiner Frau wohnt und die beiden eins sind, sollte das auch nicht leicht zu trennen sein. Ich habe noch manche anderen Bereiche, wo ich versuche, in unserer Ehe bewusst in der Gegenwart Gottes zu leben:

- Immer wieder versuche ich, meine Frau als Gottes Gabe für mich zu entdecken. Das bewahrt mich vor einem falsch verstandenen Besitzverhältnis. Meine Frau gehört mir nicht, sondern sie ist mir anvertraut. Das öffnet mir den Blick für Respekt und Liebe.

- Ich will meiner Frau gegenüber wahrhaftig sein. Geheimniskrämerei soll bei mir keinen Platz haben.
- Wir können alles mit Gott teilen: Geteiltes Leid ist halbes Leid und geteilte Freude ist doppelte Freude.
- Wir stehen als Ehepaar nicht alleine da, sondern leben in einer Gemeinschaft mit Gott. Dadurch sind wir auch in die Gemeinschaft seiner Kirche gestellt.

»Ja, mit Gottes Hilfe«, so lautete unser Versprechen. Und das versuchen wir, im Laufe unserer Ehe immer mehr zu verstehen, zu ergründen und zu leben. Diese kleine Formel hat mich in meinem Glauben zumindest in kleinen praktischen Schritten weitergeführt.

Anregungen für das Gespräch

- »Ja mit Gottes Hilfe.« – Was bedeuten diese Worte für euch?
- Kalkuliert ihr Gottes Hilfe in eurer Beziehung mit ein?
- Wenn ja: Wo wird das konkret bei euch?

Einladung zum Gebet

Jesus Christus, danke, dass du durch den Heiligen Geist in uns wohnst. Danke, dass wir die Ehe nicht alleine leben müssen. Du liebst uns und gibst dich für uns hin, damit wir aus deiner Kraft und mit dir leben und auch so unsere Ehe gestalten können. Lass deine Hilfe in unserem Leben und unserer Ehe ganz konkret werden. Amen.

28. Meine Beziehungstür

> Nehmt einander an, wie Christus euch angenommen hat, denn dadurch wird Gott geehrt.
>
> Römer 15,7

»Wie sieht deine Beziehungstür aus?« Ich weiß noch, wie irritiert ich über diese Frage war. Ich konnte erst gar nichts damit anfangen. Doch je mehr ich darüber nachdachte, umso mehr eröffnete sich mir eine Ahnung – und das hat mich in meiner Selbsterkenntnis Meilen vorangebracht.

Wie lebe ich Beziehungen? Wie gehe ich Beziehungen ein? Wie komme ich zu Beziehungen? Ich habe einfach mal einen Moment innegehalten, die Augen geschlossen und überlegt: Wie sieht diese Tür aus? Welche Farbe hat sie, welche Form? Sind da Scheiben drin? Ist sie rustikal oder modern? Ist sie geöffnet oder geschlossen? Dick oder dünn? Heil oder defekt?

Auf einmal merkte ich bei mir: Das alles war nicht relevant, denn ich entdeckte vor allem eines, das meine Beziehungen jeglicher Art ausmacht: Meine Tür hat innen keine Klinke. Sie hat lediglich eine an der Außenseite. Wer auch immer hinein will: Herzlich willkommen! Genauso erlebe ich mich: Wenn Freunde anrufen, meine Frau oder meine Kinder etwas von mir wollen: »Herzlich willkommen! Hier bin ich!« Aber aus mir selbst heraus fällt mir das Hinausgehen sehr schwer. Für mich ist es nicht einfach, meine Beziehungstür zu bewegen. Glücklicherweise ist sie immer ein Stück weit geöffnet. Es kann hereinkommen, wer will. Aber ich schaffe es kaum, die Tür selbst zu öffnen.

Interessant. Das hätte ich mir so nicht ausgesucht. Ich hätte auch gerne auf der Innenseite einen Knauf. Ich würde gerne selbst Beziehungen eingehen können. Kann ich auch, fällt mir aber schwerer.

Manche denken in solchen Fällen dann immer sehr schnell: Ja, aber man kann sich ja verändern. Man muss ja nicht so bleiben. Mag sein. Vielleicht geht das. Aber vor allem geht es darum, sich erst einmal so wahrzunehmen, wie wir sind. Wir dürfen uns zuerst verstehen und annehmen, um uns darin zu respektieren und zu akzeptieren. Das kann sehr befreien. Gott hat uns so gemacht. Christus hat uns so angenommen. Dann dürfen wir auch so sein. Und damit dürfen wir auch leben lernen.

Spannend wird die Beziehungstür auch in der Ehe. Hier leben wir Beziehung auf engstem Raum. Die Tür – also die Art und Weise, wie wir Beziehungen leben – hat nicht nur Auswirkungen auf unsere Bekannten und Freunde, sondern auch auf unsere Ehegemeinschaft. Wer ist der Aktivere? Wessen Tür ist eher verschlossen? Wo haben wir ähnliche Eigenschaften in unserer Beziehungskultur und wo unterscheiden wir uns?

Ich bin beispielsweise dankbar, dass meine Frau öfter die Initiative ergreift: ob es die Urlaubsplanung ist oder die Freizeitgestaltung. Das hilft mir. Meine Frau weiß, dass sie bei mir in der Regel auf eine offene Tür stößt. Und ich weiß, dass meine Frau zwei Türen hat: ein Vorzimmer und eine sehr verborgene Tür. Im Vorzimmer sind alle herzlich willkommen, aber die andere Tür ist nur unter bestimmten Umständen geöffnet. Da kommt nicht jeder herein und die kennen auch nicht alle. Aber ich weiß, wie meine Frau tickt. Und ich weiß auch, wann sie diese Tür öffnen kann. Und ich erlebe das Privileg, dass ich auch durch diese Tür eintreten darf.

Es kann vielen Konflikten vorbeugen, wenn wir einander kennen und verstehen. Und es kann uns dabei helfen, einander so anzunehmen, wie wir sind. Vor allem bewahrt es uns vor einem zerstörerischen Schubladendenken: Der andere ist nicht *immer so* oder mal wieder *typisch so*, sondern ich darf Georgia immer mehr so kennenlernen und annehmen, wie Gott sie sich gedacht hat. Und je mehr ich uns beide in diesem Licht Gottes sehe, desto mehr kann ich meine Frau verstehen, annehmen und wertschätzen, wie sie ist.

Anregungen für das Gespräch

- Wie sieht eure Beziehungstür aus? Schließt die Augen und beschreibt dem anderen einmal eure Tür.
- Wie erlebt ihr eure Beziehungstür in der Ehe und wie gegenüber Freunden?

Einladung zum Gebet

Danke, Jesus, dass wir Beziehungen leben dürfen. Du hast jedem von uns eine ganz eigene Art und Weise geschenkt, wie wir Beziehungen gestalten. Danke, dass wir uns weiter kennenlernen dürfen, und hilf uns dabei, den anderen so anzunehmen, wie er ist. Amen.

29. Betend streiten

Wir sind mal wieder mitten im Streit. Ich habe natürlich recht, denke ich. Und ich bin auch so davon überzeugt, dass ich das argumentativ richtig klasse darlegen kann. Denke ich, mache ich auch. Und ich weiß: Meine Frau ist nicht so stark im Diskutieren. Ich werde also ziemlich sicher gewinnen. Aber was gewinne ich da eigentlich? Am Ende schweigt sie vielleicht, aber ich bin dafür einsam. Was habe ich von so einem Sieg? Vielleicht habe ich recht, vielleicht ist es aber auch nur ein selbst geschaffenes Recht. Aber vor allem bleibt viel Einsamkeit.

Nicht selten hat meine Frau vorgeschlagen, dass wir den Streit nicht durch Diskussion ausfechten, sondern miteinander ins Gebet gehen. Ich weiß nicht, wie das für euch klingt, aber für mich klingt das nach einer frommen Abkürzung, fast nach geistlichem Missbrauch. Bis ich die Psalmen entdeckte und ihre Weite des Gebets:

> Ein Psalm Davids. Herr, stelle dich meinen Feinden entgegen, kämpfe mit denen, die mich angreifen! Greife zu Schild und Waffen und komm mir zu Hilfe! Nimm deinen Speer und verstell meinen Verfolgern den Weg. Versprich mir: »Ich werde dich retten!« Die mich töten wollen, sollen zum Spott werden. Fliehen müssen sie und sich schämen. Wie Spreu sollen sie vom Wind verweht werden, wenn der Engel des Herrn sie verjagt. Mach ihren Weg dunkel und glatt, und der Engel des Herrn verfolge sie. Ohne Grund haben sie mir einen Hinterhalt gelegt. Ohne Grund haben sie mir eine Grube gegraben. Deshalb soll sie der Untergang ganz unerwartet ereilen! Sie sollen sich in den Fallen verfangen, die sie mir stellten, und darin umkommen! Dann will ich mich im Herrn freuen und will froh sein, weil er mich rettet. Ich will ihn von ganzem Herzen loben: »Herr, niemand ist wie du, der du den Schwachen vor dem Starken beschützt und die Armen vor denen, die sie ausrauben wollen.«
>
> Psalm 35,1–10

Hier wird nicht nur fromm dahergeredet, hier wird im Gebet richtig gerungen. Und das hat auch mir Mut gemacht, Konflikte im Gebet auszutragen.

Wenn ihr mal wieder mitten im Streit seid, dann betet doch mal laut miteinander – gerne auch nacheinander und mit großer Überzeugungskraft – und vielleicht einen Teil von Psalm 35. Gerne auch einen anderen Psalm (vielleicht Psalm 69). Natürlich sind diese Psalmen in einer existenziellen Krise geschrieben, in der es um Leben oder Tod ging. Aber auch in manchen Streitereien scheint es in dem Moment um alles zu gehen. Warum sollten wir uns dann nicht der Psalmworte bedienen?

Oder betet in einem Streit doch mal selbst einen Rachepsalm beziehungsweise schreibt einen Rachepsalm auf euren Partner. Manche fragen sich: Darf man das? Ich schaue in die Bibel, sehe meine Wut und denke: Wohin denn sonst mit meinen Gefühlen und Gedanken? Sie sind doch bei Gott am besten aufgehoben!

Wir haben das schon manches Mal so gemacht, gerade zum Beginn unserer Ehe. Ich konnte meine Wut ungefiltert rauslassen. Aber ich musste das nicht alles meiner Frau an den Kopf werfen, sondern konnte damit zu unserem Gott gehen. Und dann durfte ich schweigen und meiner Frau zuhören, wie sie Gott ihre Wut und Traurigkeit erzählt. Oft ist in diesen Streitgebeten vor Gott viel passiert. Wir wurden beide verändert – durch das neue Zuhören, die neue Perspektive und vor allem durch und von Gott selbst.

Nicht immer haben wir das zusammen gemacht. Manchmal gehe ich auch spazieren mit so einem Rache- und Klagepsalm in mir. Und ich habe dabei Entdeckungen gemacht, die ich danach auch in den Psalmen entdeckte: Dort, wo ich Gott alles vor die Füße werfe, da verändert sich etwas in mir. So, als ob Gott diese Dinge verwandelt. Nicht selten bin ich dann nach einem Rache-Psalm-Spaziergang ganz anders nach Hause zurückgekehrt: Mir ging es plötzlich nicht mehr darum, recht zu haben, sondern um einen gemeinsamen Weg. Nicht selten hat Gott mich meiner Schuld überführt. Manchmal habe ich es auch erlebt, dass Gott mir einfach recht gab: »Ja, Holger, du hast vollkommen recht. In diesem Fall hat Georgia zu 100 Prozent Mist gebaut. Und nun? Was willst du jetzt machen?«

Das waren dann Momente, in denen ich nicht schnell genug wieder zu Hause sein konnte, weil ich meine Frau einfach in den Arm nehmen wollte. Sie hatte es ja anscheinend versemmelt und nun wollte ich einfach bei ihr sein. Schon interessant, wie existenziell Psalmengebete ein Leben verändern können.

Anregungen für das Gespräch

- Könnt ihr euch vorstellen, so zu streiten?
- Wie sieht eure Streitkultur aus?
- Welche Veränderungen wünscht ihr euch in eurer Streitkultur?

Einladung zum Gebet

Danke, Jesus, dass wir dir ungefiltert unsere Gedanken sagen können, weil du sie sowieso schon kennst. Danke, dass wir dir nichts vormachen brauchen, auch dann nicht, wenn wir wütend sind. Danke, dass uns die Gespräche mit dir verändern können. Bitte mach, dass das auch und gerade dann passiert, wenn wir miteinander in Streit geraten. Amen.

30. Liebe ist wie Fahrradfahren

Wer hat eigentlich gesagt, dass alles immer sofort hinhauen muss? Bist du damals auf dein erstes Rad gestiegen und losgefahren, als hättest du nie etwas anderes getan als Fahrradfahren? Manchmal erscheint es mir, als würden wir die Ehe so angehen: Alles muss auf Anhieb gelingen. Harmonie pur, Streiten verboten, Fehlermachen tabu. Und das alles in einer Zeit, in der es immer mehr an guten Vorbildern mangelt, die uns vorleben, wie eine gute und respektvolle Beziehung aussieht. Wie sollen wir dann wissen, wie es funktioniert?

Wir sind doch vielmehr Amateure und keine Profis. Gut, das klingt erst einmal nicht so attraktiv. Das kann ich verstehen. Es wäre ja viel schöner, wenn wir beweisen könnten, dass wir das erste Paar auf der Welt sind, bei dem alles auf Anhieb funktioniert. Aber umso ernüchternder sind dann leider die Momente, in denen die Dinge halt doch nicht rundlaufen. In denen wir aneinandergeraten, uns über den anderen ärgern und realisieren, dass der andere definitiv Fehler macht – und wir vielleicht ja auch ein bisschen.

Ja, wir haben Macken, die in unserer enger werdenden Beziehung plötzlich offenbar werden, obwohl wir sie gut tarnen wollten. Das gehört dazu, wenn jemand plötzlich unsere Komfortzone durchbricht und unser wahres Ich entdeckt. Das kann erst einmal ungemütlich werden.

Wenn Holger und ich streiten, dann kommt es mir bildlich häufig so vor, als würden zwei kleine Kinder auf einem Spielplatz in einer Schlammpfütze miteinander kämpfen. Mal fällt der eine über das Knie des anderen, mal taucht der andere mit seinem Kopf in den Schlamm. Der eine schreit auf, weil er einen Ellenbogen in die Seite gerammt bekommt. Der andere blutet, weil sich die Fingernägel tief in die Haut bohren. Niemand gibt nach. So lange, bis beide erschöpft voneinander ablassen.

Dann stehen wir plötzlich nebeneinander in unseren zerfetzten Hosen. Schlammgetränkt, blutverschmiert, humpelnd. Enttäuscht darüber, dass alles so mies gelaufen ist. Und nun? Was machen wir nun? Wie gehen wir damit um, wenn es nicht so läuft wie geplant?

Für uns sind diese Momente zu einer Einladung geworden: Wir sind eingeladen mit unseren Verletzungen und unserer Niedergeschlagenheit zu unserem himmlischen Vater zu laufen: »Wir haben es schon wieder nicht besser hinbekommen, Papa! Wir haben uns gegenseitig verletzt. Nun sind wir verwundet: beide!«

Und wir erleben, dass unser himmlischer Vater uns mit offenen Armen liebevoll empfängt. Kein Wort der Anklage, keine Schuldzuweisung, sondern nur offene Arme! Er nimmt uns zwei liebevoll auf seinen Schoß – wie ein Vater, der seine streitenden Kinder wieder vereinen möchte. Und während der eine wieder beginnt zu schimpfen: »Der war gemein zu mir, Papa!«, darf der andere kontern: »Die war schuld! Die hat angefangen!« Und dann tröstet er uns. Er sieht uns beide. Er versteht uns beide. Und das hilft uns wiederum, unseren Ehepartner zu sehen und zu verstehen. Auf diese Weise tröstet er uns und wir lernen, wieder aufeinander zuzugehen. Wir erleben Heilung und dürfen einander vergeben. Beide!

Bei Gott sind wir willkommen. Genau in diesen Momenten sind wir Gesegnete, denn wir sind nicht mehr allein. Wir sind mit ihm auf dem Weg. Solche Momente, in denen wir mit Gott reden – also beten – stärken unsere Ehe. Denn übrigens, es waren Profis, die die Titanic bauten, und es war ein Amateur bei der Arche. Entscheidend ist, dass wir uns bewusst sind, wie sehr wir Gott brauchen; das ist der Segen!

> Ich sage euch: Genauso ist im Himmel die Freude über einen verlorenen Sünder, der zu Gott zurückkehrt, größer als über neunundneunzig andere, die gerecht sind und gar nicht erst vom Weg abirrten!
>
> Lukas 15,7

Anregungen für das Gespräch:

- Was funktioniert bei euch profihaft in der Beziehung?
- Was läuft bei euch eher amateurhaft?
- Habt ihr einen Weg gefunden, wie ihr damit gemeinsam umgehen könnt?

Einladung zum Gebet:

Jesus Christus, wir danken dir, dass wir bei dir als Ehepaar nicht perfekt funktionieren müssen. Du siehst die Momente, in denen wir hinfallen und einander verletzen. Jesus, wir danken dir, dass du uns gemeinsam an die Hand nimmst und uns wieder aufhilfst. Wir brauchen deine Hilfe. Amen.

31. Wie kann man nur …?

> Hört auf, andere zu verurteilen, dann werdet auch ihr nicht verurteilt. Denn andere werden euch so behandeln, wie ihr sie behandelt. Der Maßstab, nach dem ihr andere beurteilt, wird auch an euch angelegt werden, wenn man euch beurteilt. Warum regst du dich über einen Splitter im Auge deines Nächsten auf, wenn du selbst einen Balken im Auge hast? Mit welchem Recht sagst du: ‚Mein Freund, komm, ich helfe dir, den Splitter aus deinem Auge zu ziehen', wenn du doch nicht über den Balken in deinem eigenen Auge hinaussehen kannst? Du Heuchler! Zieh erst den Balken aus deinem eigenen Auge; dann siehst du vielleicht genug, um dich mit dem Splitter im Auge deines Freundes zu befassen.
>
> Matthäus 7,1-5

»Wie kann man nur so dumm sein? Wie kann man das nur vergessen? Wieso hat sie denn nicht daran gedacht? Das kann man doch so nicht machen!« Wie oft habe ich mich schon in dieser Weise über meine Frau aufgeregt! Leider bin ich einer von denen, die das schlecht für sich behalten können. Ich muss das meist lautstark äußern – und das klingt dann so richtig überheblich und von oben herab. In solchen Situationen bin ich immer sehr überzeugt von mir und davon, dass ich richtig liege, dass ich nichts anderes mehr an mich heranlasse.

Wie blöd diese Überheblichkeit ist, erlebe ich immer erst, wenn ich das Verhalten bei anderen Paaren wahrnehme: Da stehen wir mit ein paar Männern zusammen und ich höre, wie sich der eine Mann über seine Frau lustig macht: »Wie kann man nur so dämlich sein wie meine Frau?« Spontan denke ich: »Dämlich ist hier nur einer: du! Denn du hast so jemanden geheiratet.« Und schon habe ich einen Spiegel vor der Nase: Denn jedes Mal, wenn ich mich so überheblich und herablassend meiner Frau gegenüber äußere, sollte ich mir vor allem an meine eigene Nase fassen: Wenn sie wirklich so blöd wäre, wie ich manchmal denke: Wie blöd muss ich erst gewesen sein, so eine Frau geheiratet zu haben?

Durch diesen Gedanken hat sich so manche Wahrnehmung verändert. Ich handle jetzt nach dem Motto: »Naja, da hat sich meine Frau wohl vertan. Macht ja nix! Ich bügle das einfach für sie aus. Dann stehen wir beide besser da.« Wenn ich so denke und reagiere, sehe ich auch mich selbst in einem anderen Licht. Meistens ärgert mich das Verhalten meines Partners ja dort, wo es eine meiner eigenen Schwachstellen berührt.

Ich gehe zum Beispiel nicht sonderlich gern zum Zahnarzt. Der Geruch, das Quietschen der Bohrer und die Angst vor diesen nervenden Schmerzen sind für mich nicht gerade einladend. Falls ich dann aber doch einmal hinmuss, fühle ich mich am Ende einer Behandlung wie neu geboren. Wenn meine Frau dann einige Zeit später über Zahnschmerzen klagt, bin ich ziemlich gnadenlos: »Warum gehst du denn nicht zum Zahnarzt? Mach es doch wie ich letztens. Ich habe das auch überlebt!« Es ist komisch, aber in solchen Momenten verspüre ich kaum Mitleid. Das sind dann die eben genannten eigenen Schwachstellen, die uns beim anderen besonders ins Auge fallen und uns so sehr ärgern. Das Verhalten des anderen ist dann wie ein Spiegel meiner eigenen Schwächen.

Wenn ich aber im Umgang mit den Fehlern und Schwächen des anderen gnädig bin, erlebe ich, dass dieses Verhalten auch mein Gegenüber verändert. Georgia wird in dem Maße barmherziger mit mir, wie ich ihr gegenüber barmherzig begegne. Mit dem Maßstab, den ich beim Partner anlege, werde ich auch selbst gemessen.

Übrigens: Vor anderen verhalte ich mich auch anders, wenn ich barmherzig bin: Ich will nicht mit einstimmen, wenn sich andere über ihre Partner beklagen. Ich schwärme lieber von meiner Frau. Und das verändert sogar andere: Auf einmal will jeder die beste Frau der Welt haben und die guten Eigenschaften und Erlebnisse werden aufgezählt. Das kann die Stimmung völlig verändern.

Aber vor allem verändert es mich selbst: Ich sehe mich und meine Frau in einem anderen Licht. Ich sehe uns als ein Team, das einander braucht. Und ich fange – auch in aller Unzufriedenheit – dort an, wo ich etwas verändern kann und wo ich genug zu tun habe: bei mir selbst.

Gott liebt es übrigens auch, gnädig zu sein! Barmherzigkeit ist eine seiner Haupteigenschaften im Umgang mit uns Menschen. Darum dürfen auch wir mit diesem Maßstab der Gnade und Barmherzigkeit leben.

Anregungen für das Gespräch

- Was ärgert euch am anderen?
- Was ärgert euch an eurem eigenen Verhalten?
- Was am Verhalten des anderen könnte euch ärgern, weil es euch auf eine eigene Schwachstelle hinweist?
- Sprecht euch gegenseitig jeweils drei Dinge zu, die ihr am anderen wirklich schätzt, die euch begeistern, die ihr liebt!

Einladung zum Gebet

Lieber Gott, danke für unseren Ehepartner, den du uns schenkst und der uns auf unseren Balken im Auge hinweist, auch wenn wir es manchmal nur schwer ertragen können. Hilf uns, gnädig miteinander zu sein, wenn wir auf Splittersuche beim anderen gehen wollen. Hilf uns, einander mit der Gnade und Barmherzigkeit zu begegnen, mit der du uns begegnest. Amen.

32. Man erntet, was man sät

Holger schnauft. Sein Schnaufen sagt mehr als 1 000 Worte. Heute gilt es wieder einmal mir. Ich habe wahrscheinlich zum hundertsten Male die Herdplatte zu hoch eingestellt und der Milchreis ist angebrannt. Während er hektisch den Topf von der Platte nimmt und den Milchreis in ein anderes Gefäß füllt, klingt es in meinen Ohren: »Wie kann man nur so blöd sein!« Er sagt diese Worte nicht, aber sie sind in diesem Moment Ausdruck seines ganzen Seins. Emotionen und Gestik dringen ungefiltert in mich ein – kein Wort hat solche Kraft. Sie sind Bestrafung und Verurteilung zugleich. Ich fühle mich wie ein kleines dummes Kind, das wieder einmal gescheitert ist. Ich mag dieses Schnaufen nicht.

Ein paar Tage später: Ich versuche mein Fahrrad aus dem Schuppen zu holen. Meine Vorstellung: Schuppentür auf, Fahrrad rausziehen, abfahren, fertig. Doch diesmal ist es anders: Schuppentür auf, Holzpaletten wegschieben, zwei Fahrräder zur Seite hieven, alten Radkasten vom Boden entfernen und den Werkzeugkasten aus dem Weg räumen – *dann erst* Fahrrad rausziehen, abfahren, fertig. »Warum muss Holger immer so viel Zeug rumliegen haben?« Und ich höre mich *schnaufen*!

»Wie man in den Wald hereinruft, so schallt es auch zurück«, lautet ein altes Sprichwort. Obwohl ich Holgers Schnaufen hasse, mache ich es plötzlich selbst. Die Bibel beschreibt das mit den Worten:

> Denn was der Mensch sät, das wird er ernten.
>
> Galater 6,7 (LUT)

Es ist das Prinzip von Saat und Ernte: »Du bist mir gegenüber sehr kritisch, dann bin ich es auch mit dir!«, oder »Du machst es mir schwer, mich mit dir zu versöhnen, wenn ich etwas falsch gemacht habe. Dann mache ich es dir beim nächsten Mal auch schwer, wenn du einen Fehler gemacht hast.«

Natürlich ist uns dieses Verhalten oft nicht bewusst. Es geschieht einfach. Das, was wir säen, das ernten wir. Vielleicht nicht sofort, manchmal liegen viele Jahre dazwischen und der Zusammenhang wird uns nicht gleich bewusst. Doch unsere Saat wird irgendwann aufgehen. Die Art und Weise, wie wir mit unserem Partner heute umgehen, wird unsere Partnerschaft morgen beeinflussen und das wird Auswirkungen auf die Qualität unserer Beziehung haben.

Eheleben erster Klasse

Das Eheleben könnte man auch mit den Klassen der Deutschen Bahn vergleichen. Wir können uns entscheiden, in welcher Klasse wir gemeinsam unterwegs sein wollen. Die erste Klasse ist die Luxusvariante: Wir sind als Paar *gemeinsam* unterwegs. *Füreinander*. Wir unterstützen uns und stärken einander. Die Fahrt ist ein Genuss. Das macht Lust auf mehr. In der zweiten Klasse sind wir nur *nebeneinander* auf dem Weg: Jeder von uns führt sein eigenes Leben. Die Ehe verläuft parallel und ist mehr eine Zweckgemeinschaft.

Und dann gibt es noch die dritte Klasse, die es bei der Deutschen Bahn bis 1956 gab, mit einer spartanischen Ausstattung. Auf die Ehe übertragen heißt das: Das Paar kann es kaum abwarten, bis die Reise endlich zu Ende ist. Die Ehe gleicht eher einem Kampf *gegeneinander* als einer Reise miteinander. Und irgendwann liebäugelt der ein oder andere mit dem Gedanken: »Am nächsten Bahnhof steige ich aus!«

Wir dürfen heute die Weichen für unsere Ehe stellen. Wir dürfen beginnen zu säen, was wir später ernten wollen. In welcher Klasse wollen wir in fünf oder zehn Jahren miteinander unterwegs sein? Und was müssen wir heute dafür säen?

Umstieg möglich

Holger und ich waren anfangs wohl eher in der dritten Klasse unterwegs. Wir haben uns gegenseitig immer wieder zu verstehen gegeben, wo der andere *komisch* ist oder anscheinend einfach *falsch tickt* – durch Worte oder durch Schnaufen. Das haben wir gesät, frei nach dem Motto: »Ich werde dich schon noch bessern.« Anstatt den anderen so anzunehmen, wie er war, wollten wir ihn ändern.

Das Ergebnis war, dass wir selbst nicht angenommen wurden wie wir sind. Schlechte Saat bringt halt auch schlechte Ernte. Doch wir haben erlebt, dass ein Umstieg in eine höhere Klasse möglich ist. Wir brauchten dazu Hilfe von außen. Erfahrene Menschen haben uns dabei unterstützt, Verständnis und Barmherzigkeit zu säen.

Gestern habe ich wieder einmal Milchreis gekocht. Ich habe vergessen, die Temperatur der Herdplatte herunterzudrehen. Holger kam in die Küche, nahm den Topf vom Herd und füllte den Reis in ein anderes Gefäß. Als ich wieder in die Küche kam, kreuzten sich unsere Blicke und wir fingen beide an zu lachen.

Anregungen für das Gespräch

- Wo nehmt ihr das Prinzip von Saat und Ernte in eurer Ehe wahr?
- In welcher Klasse seid ihr aktuell als Ehepaar unterwegs?
- In welcher Klasse wollt ihr in zehn Jahren unterwegs sein? Was möchtet ihr dafür heute beginnen zu säen?

Einladung zum Gebet

Jesus Christus, du zeigst uns, dass unser Verhalten und unser Umgang mit unserem Partner eine Saat ist, die wir irgendwann einmal ernten werden. Danke, dass wir mit dir die Möglichkeit haben, zu lernen, in einer guten Weise zu säen. Danke, Jesus, dass wir schon heute an einer guten Ernte mitwirken können. Hilf uns dabei, dass wir einen guten Umgang miteinander einüben. Amen.

33. Grenzgänger oder Grenzvermeider

> Der Herr schickte Jona, dem Sohn von Amittai, folgende Botschaft: »Mach dich auf den Weg und geh in die große Stadt Ninive! Ruf aus, was ich gegen sie vorbringen muss, denn ihre Bosheit stieg bis zu mir hinauf!« Doch Jona machte sich auf den Weg, um vor dem Herrn nach Tarsis zu fliehen.
>
> Jona 1,1–3

Jona ist ein typisches Beispiel für einen Grenzvermeider. So nenne ich jemanden, der gerne in seinem sicheren Terrain bleibt, in seiner Komfortzone; der die Herausforderung ablehnt. Ein Grenzvermeider wagt es aus Angst vor dem Scheitern nicht, an seine eigenen Grenzen zu gehen. Er zweifelt an sich und seinen Fähigkeiten. Es ängstigt ihn, dass andere erkennen könnten, wie schwach er wirklich ist, und dann über ihn lachen. Aus diesem Grund bleibt er lieber in seiner kleinen überschaubaren Welt oder flieht vor der Herausforderung – wie Jona das tut.

Das Gegenteil davon ist Saul. Er, der zum König gesalbt wurde und Kriege durch Gottes Kraft gewonnen hat, überschätzt sich selbst und überschreitet seine Kompetenzen:

> Er (Saul) wartete dort sieben Tage auf Samuel, wie dieser ihn zuvor angewiesen hatte, aber Samuel kam nicht nach Gilgal. Als Saul merkte, dass seine Krieger anfingen, ihm davonzulaufen, verlangte er: »Bringt mir das Brandopfer und die Friedensopfer!« Und er selbst brachte das Brandopfer dar.
>
> 1. Samuel 13,8–9

Saul ist ein Beispiel für einen Grenzgänger. So nenne ich jemanden, der seine eigenen Grenzen immer wieder durchbrechen und erweitern möchte; der sich mit seiner Begrenztheit nicht zufrieden gibt, sondern immer weiter, höher und schneller hinaus möchte. So jemand braucht die Herausforderung und neigt dazu, sich zu überfordern oder gar zu überschätzen. Ein Grenzgänger ist jemand, der seinen eigenen Grenzen strotzt und immer wieder neu auslotet, was noch alles geht. Saul ist solch ein Grenzgänger. Er ist als König gesalbt, doch er ist kein Prophet oder Priester. Er besitzt nicht die Legitimation, das Brandopfer darzubringen und tut es dennoch.

Warum nehmen wir euch mit in diese Texte? Ihr beide seid nun ein Team. Ein Team funktioniert dort gut, wo beide die Stärken und die Herausforderungen des anderen verstehen. Es ist wichtig, dass ihr euch kennenlernt und miteinander darüber ins Gespräch kommt, was in euch steckt. Dabei gibt es kein Richtig oder Falsch, es gibt nur ein *Anders*. Jona und Saul eint übrigens trotz ihrer Unterschiedlichkeit eines. Sie rechnen beide lediglich mit ihren menschlichen Fähigkeiten. Sie schauen nur auf das, was in ihren Möglichkeiten oder auch gerade nicht in ihren Möglichkeiten liegt: der eine, indem er sich zurückzieht; der andere, indem er vorprescht. Doch beide schauen nur auf sich. Wie wunderbar wäre es, wenn ihr als Team euch darin unterstützt, neben euren eigenen Fähigkeiten auch Gottes Möglichkeiten mit einzuplanen. So wie Paulus, der durchaus als Grenzgänger bezeichnet werden kann. Er kennt seine Begrenztheit und stößt an seine eigenen Grenzen. Und doch erlebt er, dass Christus so viel mehr in ihm und durch ihn bewirken kann:

> Das alles kann ich durch Christus, der mir Kraft und Stärke gibt.
> Philipper 4,13

Paulus schaut weg von seinen Grenzen auf Jesu Möglichkeiten. Im Vertrauen auf ihn erlebt er immer wieder Wunderbares.

Heute dürft ihr euch gegenseitig anspornen, über eure eigenen Fähigkeiten hinweg auf das zu blicken, was Jesus in und durch euch tun kann. Der Grenzgänger braucht den Mut, abzuwarten und auf Jesus zu vertrauen. Genau das hätte Saul vielleicht geholfen. Der Grenzvermeider hingegen braucht Ermutigung und Sicherheit, um etwas zu wagen. Das hätte Jona vielleicht gestärkt.

Anregungen für das Gespräch:

- Wo findet ihr euch am ehesten wieder – als Grenzgänger bzw. als Grenzvermeider?
- In welchen Bereichen eures Lebens seid ihr eher Grenzgänger bzw. Grenzvermeider?
- Wie ändert sich eure Haltung, wenn ihr von euren Möglichkeiten auf Gottes Möglichkeiten schaut?
- In welchen Situationen wünscht ihr euch, dass Gottes Möglichkeiten in eurem Leben sichtbar werden?

Einladung zum Gebet

Jesus Christus, du hast uns wirklich ganz unterschiedlich geschaffen. Wir sind nun eingeladen, unseren Ehepartner kennenzulernen. Hilf du uns dabei. Zeig uns auch, wie wir uns in unserer Unterschiedlichkeit unterstützen können. Danke, dass wir über unsere Möglichkeiten hinweg immer wieder auf dich schauen dürfen. Hilf uns immer wieder neu dabei. Amen.

34. Wer hat die Hosen an?

»Und darum überreiche ich dir, lieber Ehemann, die Bibel, weil du das Haupt der Familie bist«, sagte der Pastor. Hinter mir höre ich ein Grummeln. Wir sitzen in dem Traugottesdienst eines befreundeten Paares. Der Pastor der örtlichen Gemeinde überreicht zum Ende des Gottesdienstes dem frisch vermählten Ehepaar eine Familienbibel, mit feierlichen Grüßen der Kirchengemeinde. Das passte einigen Besuchern des Traugottesdienstes gar nicht. »Wo gibt es denn noch so altertümliche Vorstellungen, dass der Mann der Boss ist?« Irgendwie konnte ich die Intervention verstehen und musste schmunzeln. Trotzdem lesen wir in der Bibel immer wieder von solchen Aussagen:

> Ordnet euch aus Achtung vor dem Herrn bereitwillig einander unter. Ihr Ehefrauen sollt euch euren Männern unterordnen, so wie ihr euch dem Herrn unterordnet. Denn der Mann ist das Haupt seiner Frau, wie Christus das Haupt seines Leibes – der Gemeinde – ist, für die er sein Leben gab, um sie zu retten. So wie die Gemeinde sich Christus unterordnet, sollt ihr Ehefrauen euch auch euren Männern in allem unterordnen. Und ihr Ehemänner, liebt eure Frauen mit derselben Liebe, mit der auch Christus die Gemeinde geliebt hat. Er gab sein Leben für sie, damit sie befreit von Schuld ganz ihm gehört, rein gewaschen durch die Taufe und Gottes Wort. Er tat dies, um sie als herrliche Gemeinde vor sich hinzustellen, ohne Flecken und Runzeln oder dergleichen, sondern heilig und makellos. Genauso sollten auch die Ehemänner ihre Frauen lieben, wie sie ihren eigenen Körper lieben. Denn ein Mann liebt auch sich selbst, wenn er seine Frau liebt. Niemand hasst doch seinen eigenen Körper, sondern sorgt liebevoll für ihn, wie auch Christus für seinen Leib, also für die Gemeinde, sorgt.
>
> Epheser 5,21–29[3]

Die Rolle des Mannes und der Frau ist immer wieder ein beliebtes Thema für so manchen Konflikt. Dabei macht der erste Satz des Bibeltextes schon deutlich, dass es um eine gegenseitige Unterordnung geht und nicht um Unterdrückung. Das deutet auf ein gleichwertiges Miteinander auf Augenhöhe hin. Paulus, der Verfasser des Briefes, nimmt beide Geschlechter in die Pflicht und führt konkret aus, was die Unterordnung für den Mann und die Frau bedeutet.

Was bedeutet Unterordnung für den Mann?

Hier steht nichts davon, dass der Mann der Boss ist und als Patriarch die Ehe regiert. Vielmehr nimmt Gottes Wort vor allem die Männer in die Verantwortung. Gott fordert uns Männer heraus, die Ehe verantwortlich mitzugestalten. Häufig erlebe ich es, dass Männer sich eher vor Verantwortungen innerhalb der Ehe davonstehlen. Jesus ernennt den Mann nicht zum Pascha, sondern legt ihm die Verantwortung für eine gelingende Ehe auf. Er fordert uns auf, unsere Frau so selbstlos und hingebungsvoll zu lieben wie er selbst, Jesus Christus, uns Menschen liebt.

Der Mann ist in der Weise das Haupt, wie auch Christus sich als Haupt verhalten hat: Er hat seinen Jüngern die Füße gewaschen. Er hat Bedürftigen gedient. Er war barmherzig gegenüber Menschen in Not. Er hat aus der Gemeinschaft mit Gott heraus sein Leben gestaltet. Er war liebevoll und hingebungsvoll. Jesus hat aus Liebe zu den Menschen sein Leben aufgegeben, so wichtig waren diese Menschen ihm.

Das meint die Bibel hier, wenn sie von dem Mann als Haupt spricht. Wenn wir Männer uns so als Haupt der Familie sehen, dann wird deutlich, in welche Verantwortung Christus uns stellt.

Was bedeutet Unterordnung für die Frau?

Die Frau wird eingeladen, die Verantwortung für das Miteinander nicht den Männern abzunehmen, sondern mit ihnen zu teilen. Den Bibelvers könnten wir auch provokant in die Gegenwart übertragen, um von manchen Verwirrungen und Verirrungen wegzukommen: »Liebe Frauen, nehmt den Männern nicht ihre Verantwortung ab, auch wenn sie sich damit schwertun. Teilt die Verantwortung für das Miteinander mit euren Männern. So wie ihr euch Jesus unterordnet und euch ihm anvertraut, dürft ihr das auch euren Ehemännern gegenüber machen. Denn diese sollen genauso mit euch umgehen, wie Jesus es tat. Auf diese Weise respektiert ihr eure Männer und schenkt ihnen Achtung.«

Wichtig ist sicherlich, dass hier kein neues Gesetz eingeführt wird, das wir zu erfüllen haben. Es geht nicht darum, was wir nicht dürfen, sondern das Neue Testament lädt uns zu einem gelingenden Leben in Freiheit ein. Wie das aussehen kann, das versucht Paulus auf diese Weise anzudeuten.

Ist das überhaupt noch zeitgemäß?

Ist das in dieser Weise für die heutige Zeit noch übertragbar? Ich denke, es ist *gerade* in unserer heutigen Zeit hilfreich. Die Geschlechterrollen haben sich verändert. Wie muss *Mann* eigentlich sein? Stark, erfolgreich *und* sensibel? Und wie ist die Rolle der Frau passend auszufüllen? Muss sie Karriere, Kinder und Küche in sich vereinen? Klischees und neue Wege geben sich in dieser Diskussion die Hand.

Paulus skizziert hier, wie in der Ehe ein gegenseitiges Miteinander auf Augenhöhe konkret gelingen kann. Wir Männer brauchen häufig eher die Herausforderung und eine recht verstandene Verantwortung. Frauen brauchen eher die Freiheit, in all ihren Rollen die Verantwortung teilen zu dürfen. Das heißt nicht, dass wir in unserer Ehe Aufgaben nicht gemäß unserer Begabungen verteilen, und es hat auch nichts damit zu tun, wer bei uns die Brötchen verdient.

Bei uns erlebe ich das ganz praktisch an den Punkten, wo wir Entscheidungen treffen müssen. Ich bin eher zögerlich und abwartend. Meine Frau ist da mutiger. Wenn konkrete Entscheidungen anliegen, ziehe ich mich schnell zurück. Die Urlaubsplanung, der Autokauf, die Wohnungssuche oder die Entscheidung für die Weihnachtsgeschenke an Freunde und Familie schiebe ich gerne auf die lange Bank und überlasse meiner Frau schnell die alleinige Verantwortung. »Da kann ich jetzt nichts zu sagen. Das müssen wir ein andermal besprechen«, höre ich mich oft sagen. Und wenn sie dann Entscheidungen trifft, erlebe ich mich schnell als Chefkritiker und Besserwisser. Das ist nicht gerade förderlich.

Durch diesen Bibeltext ist mir klar geworden, dass die Bibel eben gerade nicht altertümliche Klischees bedient, sondern dafür wirbt, einander wahrzunehmen und ein gelingendes Miteinander auf Augenhöhe zu gestalten. Ich sage mir daher jetzt öfters: »Holger, du hast die Verantwortung, dass der Laden hier läuft. Komm raus aus der Passivität und übernimm endlich deine Verantwortung.« Das fordert mich heraus und macht mir Mut.

Anregungen für das Gespräch

- Habt ihr das Gefühl, dass einer von euch beiden die *Hosen anhat*? Wenn ja – wer? Wie zeigt sich das?
- Wer fühlt sich verantwortlich für welche Bereiche: Urlaub, Essen, Geld, Zärtlichkeit, Familie/Kinder?
- Wo seid ihr mit dieser Aufteilung unzufrieden? Wieso? Was müsste sich daran für euch verändern?

Einladung zum Gebet

Jesus Christus, danke, dass du uns einlädst zu einem gelingenden Miteinander. Deine Liebe ist so hingebungsvoll und aufopfernd. Danke, dass du uns damit eine Hilfe und ein Vorbild bist für unsere Ehe. Hilf uns, einander auch so lieben zu können. Schenke uns Liebe und Respekt für den anderen, sodass wir einander achten, lieben und dienen können. Amen.

35. Verletzungen vorprogrammiert

Gestern Abend haben wir auf unserer Terrasse gesessen und uns gemeinsam an unseren Start in die Ehe zurückerinnert. Ich denke gar nicht so gerne an unsere erste Zeit zurück. Wir haben es uns häufig schwer miteinander gemacht und ich weiß, dass ich Holger oft sehr verletzt habe. Umgekehrt natürlich auch. Oh man, es braucht wirklich viel Geduld, wenn zwei quasi fremde Menschen irgendwie eins werden wollen. Es ist eigentlich ein Wunder, dass das überhaupt funktioniert. Ohne Verletzungen geschieht das nicht und ohne Vergebung erst recht nicht.

Eine großartige Geschichte über Vergebung erlebt Josef, der Lieblingssohn von Jakob, der aus Neid von seinen Brüdern als Sklave verkauft wird (vgl. 1. Mose 37-46). Danach wird er von der Frau seines Herrn hintergangen, die einfach die Wahrheit verzerrt und gegen ihn auslegt. Am Ende bringt ihn das ins Gefängnis und es scheint, als würde er dort einfach in Vergessenheit geraten. Josef weiß, wie es ist, gedemütigt zu werden: Josef, der erniedrigt und übersehen, ja sogar vergessen wird.

Und das, was er in diesem existenziellen Rahmen erlebt, das kann uns in unserer Ehe auch begegnen: zwei *Lieblingskinder* – zwei, die sich beide selbst am liebsten sind – treffen aufeinander. Sie versuchen, in der Ehe eine gemeinsame Grundlage zu finden. Jeder ringt darum, im ausreichenden Maß vorzukommen. Das kann herausfordernd sein. Das kann dazu führen, dass wir uns erniedrigt, gedemütigt, geknechtet, vergessen oder übersehen fühlen.

1. Mose 45,1-5 schildert uns, wie der verletzte Josef seinen Brüdern begegnet:

> So war er (Josef) mit seinen Brüdern allein, als er sich ihnen zu erkennen gab. Dann brach er in Tränen aus und weinte laut, sodass es die Ägypter hörten, und bald wussten alle am Hof des Pharaos davon.»Ich bin Josef«, sagte er zu sei-

nen Brüdern. ... Doch seine Brüder waren fassungslos und brachten kein Wort heraus. »Kommt her zu mir!«, sagte er. Sie kamen näher. Und wieder sagte er: »Ich bin euer Bruder Josef, den ihr nach Ägypten verkauft habt. Aber macht euch deswegen keine Vorwürfe. Gott selbst hat mich vor euch her geschickt, um euer Leben zu retten.«

1. Josef lässt seine Brüder an seinem Schmerz teilhaben

Wenn man verletzt wurde, ist man oft zu stolz, dies zu zeigen oder zuzugeben. Aber Josef tut es. Er weint so laut, dass sogar der ganze Hof es hören kann. Er lässt zu, dass seine Brüder seinen Schmerz sehen.

Es ist nicht leicht, unsere Verletzung und unsere Schwachstellen zu benennen. Aber Gott kann uns dabei helfen. Er kennt ja die Stellen. Zuerst dürfen wir vor ihm weinen und ihm sagen: »Der hat mich verletzt. Er hat mich gedemütigt und sogar die Wahrheit verzerrt!« Bei Gott erleben wir, dass wir in unseren Verletzungen gesehen und getröstet und in unseren Ängsten wahrgenommen sind.

In diesen Zeiten suche ich persönlich Trost dadurch, dass ich in mein Tagebuch schreibe und mich auf diese Weise an Gott wende. Dort lasse ich meine Wut heraus und schimpfe unzensiert. Am Ende werde ich ruhiger, denn ich habe mich ausgeweint, bin sortierter und kann loslassen. Dann fällt es mir auch leichter, auf Holger zuzugehen und ihm die Verletzungen zu zeigen. Denn wo wir unsere Verletzungen zuerst zu Gott tragen, wird unser Herz heil und muss sich nicht verschließen. Wir behalten den Zugang zu unserem Herzen und können so unseren Partner weiter an unserem Herzen – *mit* seinem Schmerz – teilhaben lassen.

2. Josef weiß, dass Gott ihn geführt hat

Aus dem verzogenen kleinen Jungen Josef ist durch die Ereignisse ein tiefgründiger, gottesfürchtiger und angesehener Verwalter geworden. Diesen Weg hätte er wahrscheinlich selbst niemals ausgewählt. Doch er kann Gottes roten Faden in seinem Leben erkennen. Gott rettet nicht nur das Leben seiner Familie, sondern auch sein eigenes.

So handelt Gott: Unser Partner, der uns verletzen kann wie kein anderer, kann uns helfen, zu einer reifen Persönlichkeit geschliffen zu werden – mit offenem Herzen und vergebungsbereit. Wenn wir das annehmen, kann es unser Leben retten.

Anregungen für das Gespräch

- Josef lässt seine Brüder an seinem Schmerz teilhaben und kann vergeben. Könnt ihr einander an eurem Schmerz teilhaben lassen und – falls nötig – vergeben?
- Gott schreibt durch krumme Wege und Verletzungen mit uns Geschichte: Habt ihr das auch schon erlebt?

Einladung zum Gebet

Jesus Christus, danke, dass du ein Gott bist, der gerne vergibt! Für uns ist das manchmal gar nicht so einfach. Danke, dass wir von dir lernen dürfen, wie wir einander immer wieder vergeben können. Hilf uns dabei. Amen.

36. Geliebt

> Deshalb sage ich noch einmal, *dass jeder Ehemann seine Frau so lieben soll, wie er sich selbst liebt,* und dass die Ehefrau ihren Mann achten und respektieren soll.
>
> Epheser 5,33

Seine Frau zu lieben. »Nichts leichter als das«, mag der Mann denken. »Sonst hätte ich meine Frau ja nicht geheiratet.« Stimmt, aber es gibt einen Unterschied zwischen Liebe und *Liebe*. Die griechische Sprache unterscheidet unter anderem zwischen Eros und Agape.

Eros, das ist die Liebe, die zu meiner Befriedigung dient. Wir heiraten die Frau, die uns gefällt. Wir tun uns etwas Gutes damit. Das ist erst einmal eine recht egoistische Liebe: Eine Liebe, die mir Befriedigung verschafft. Sie gehört auch dazu, aber in dem genannten Bibelvers ist sie nicht gemeint.

Paulus, der Verfasser des Epheserbriefes, ermahnt uns Männer zu einer Liebe, die göttlich, allesumfassend und nicht enden wollend gemeint ist. Mit dieser Liebe sollen wir unsere Frau lieben: selbstlos, hingebungsvoll und genauso, wie Gott sich selbst in Jesus für uns hingegeben hat. Jesus hat seinen Jüngern die Füße gewaschen und hat mit ihnen sein Leben geteilt, und zwar bis in den Tod. Das ist schon eine andere Hausnummer.

In dieser Liebe geht es weniger um uns, sondern eher um den anderen. Um es kurz in einem verrückten Spruch zusammenzufassen: »Wahre Prinzen töten für dich keinen Drachen, sondern lieben dich, wenn du mal einer bist.« Diesen Spruch habe ich irgendwo mal aufgeschnappt. Er kommt etwas unverschämt daher, mit Augenzwinkern, aber so könnte man diese Liebe auch ausdrücken.

Auch hier mag sich manch einer noch als Held der Liebe sehen, der sich selbstlos für den anderen in hingebungsvoller Liebe einsetzt. Schwierig kann es dann aber in dem weiteren kleinen Zusatz werden: »wie er sich selbst liebt«. Die Liebe zu unserer Partnerin wird in das

Verhältnis zur Selbstliebe gesetzt. Wie sehr liebe ich mich? Wie sehr kann ich mich annehmen, mir vertrauen und mir selbst treu sein? Es geht hier nicht um eine heldenhafte Selbstaufgabe oder Selbstaufopferung. Wir Männer sind herausgefordert, uns eben nicht aufzugeben, sondern uns mit hineinzunehmen. Die Liebe, die wir zu uns haben, wird hier hinterfragt: Liebe ich mich? Wenn ja, wie sehr? Diese Liebe hat viel mit der Liebe zur Partnerin zu tun. In dem gleichen Maße, wie ich mich selbst kenne und liebe, soll ich auch meine Partnerin lieben.

Man kann in diesem Text lange über die Geschlechterrollen diskutieren. Was ich allerdings häufig beobachte, ist, dass Männer oft weniger Zugang zu sich und ihren Herzen haben als Frauen. Woran das liegen mag, keine Ahnung. Trotzdem stellt mich der Bibeltext vor Fragen: Wie gut kenne ich mich selbst? Wie sehr liebe ich mich? Wie sieht mein Zugang zu meinem Herzen aus? Wenn daran die rechte Liebe zu meiner Partnerin hängt, dann ist der Zugang zu mir selbst von entscheidender Bedeutung für eine gelingende Partnerschaft.

»Liebe dich selbst und es ist egal, wen du heiratest.« So beschreibt es ein Buchtitel. So erlebe ich das manchmal: Ich fühle mich kribbelig und weiß, dass ich unbedingt mal wieder joggen gehen müsste. Ich brauche diese Momente, in denen ich meinen Körper spüre. Aber ich kann mich nicht aufraffen. Vielleicht regnet es oder ich bin einfach zu träge. In den Momenten, in denen ich mit mir nichts anfangen kann und mir selbst auf die Nerven gehe, in diesen Momenten bin ich auch am kritischsten mit meiner Frau.

Jesus ist hier sehr gnädig. Er verlangt nichts Unmenschliches. Man könnte auch sagen: Wir sollen unsere Ehefrau mit einer göttlichen Liebe lieben. Aber wir werden das nur in dem Maße können, wie wir uns selbst von Gott geliebt und angenommen wissen.

Das macht die Herausforderung nicht kleiner, aber umsetzbar. Gottes Liebe kann durch mich nur in dem Maße in unserer Ehe sichtbar werden, wie sein liebender Einfluss in mir selbst bereits angekommen ist. Wir müssen nicht aus uns selbst heraus göttlich werden oder auch göttlich lieben. Wir dürfen das weitergeben, was wir empfangen haben. Anderes können wir ja auch nicht weitergeben. Wo uns diese göttliche Liebe noch fehlt, können wir sie auch nicht weitergeben.

Das berechtigt uns nicht zu einem egoistischen Lebensstil, sondern es lädt uns vielmehr ein, uns immer mehr von Gott lieben und verändern zu lassen.

Anregungen für das Gespräch

- Wo würdet ihr gerne mehr Liebe vom anderen empfangen?
- Wo fällt es euch schwer, euch selbst zu lieben? Wieso?
- Wo wünscht ihr euch, noch mehr von Gottes Liebe zu spüren und zu erfahren?

Einladung zum Gebet

Jesus Christus, danke, dass du uns so sehr liebst und wir aus deiner Liebe leben dürfen. Zeige uns immer mehr, was es bedeutet, dass du die Quelle der Liebe bist. Hilf uns immer wieder, auch uns selbst mit Liebe zu begegnen. Zeige uns die Punkte, wo es uns besonders schwerfällt, uns selbst oder den anderen in Liebe anzunehmen. Amen.

37. Geachtet

> Deshalb sage ich noch einmal, dass jeder Ehemann seine Frau so lieben soll, wie er sich selbst liebt, und *dass die Ehefrau ihren Mann achten und respektieren soll.*
>
> Epheser 5,33

Wir waren damals in einer Studentenkneipe mit Freunden verabredet. Wir waren noch nicht lange zusammen. Es waren Freunde, die Holger gut kannten. Sie lernten gemeinsam und bereiteten sich auf die Prüfung vor. Die Stimmung war allgemein heiter. Es war eine schöne Begegnung. Sie erzählten von den gemeinsamen Erfahrungen beim Lernen. Irgendwann kam das Gespräch auf manch unorthodoxen Rechtschreibfehler von Holger. Wir lachten. Ich stimmte laut in das Lachen seiner Freunde mit ein: »Das kenne ich auch, das ist wirklich *sehr* witzig!«

Ich amüsierte mich köstlich, dass dieses Thema zur Sprache kam, und brachte meine Beispiele mit ein. Auf dem Heimweg beschrieb Holger mir, wie er diesen Moment erlebt hatte: »Das Thema ist ja schon lustig. Aber ich hatte den Eindruck, dass du dich hier über meine Schwachstellen lustig machst, weil dir das guttat. Das hat mich schon irritiert.« Nach diesem Erlebnis wurde uns beiden klar, dass das nicht die Art und Weise war, wie wir uns wünschten, miteinander umzugehen. Wir wollten gemeinsam lernen, einander respektvoll zu begegnen.

Das Wort Respekt kommt übrigens vom lateinischen *respicere* und bedeutet so etwas wie *zurückschauen*. Vielleicht können wir uns das so vorstellen: Wir sind in der Stadt unterwegs und uns kommt ein sehr gut aussehender Mann entgegen. Er zieht all unsere Aufmerksamkeit auf sich. Wir können unsere Augen kaum von ihm abwenden. Je näher er uns kommt, umso lauter pocht unser Herz. Und nachdem wir aneinander vorbeigegangen sind, *schauen* wir lächelnd *zurück* und unsere Lippen formen stumm das Wort: »Respekt!« Genau auf diese Art und Weise sind wir Frauen in Epheser 5,33 herausgefordert mit unseren Ehemännern umzugehen: Wir dürfen sie bewundern! Sie begehren, ihnen unsere Aufmerksamkeit schenken, sie achten und respektieren!

Es ist schon interessant, dass uns Frauen etwas anderes ans Herz gelegt wird als den Männern. Ich kann mir gut vorstellen, dass es daran liegt, dass wir eher dazu neigen, den respektvollen Umgang mit unserem Ehemann zu verlieren. Dann fallen schon einmal solche Sätze wie: »Eigentlich habe ich ja vier Kinder, meine drei und meinen Mann!« Mit solchen Aussagen, die mit zwinkerndem Auge beginnen, stehen wir in der Gefahr, uns über unsere Ehemänner zu erheben. Wir behandeln sie quasi *von oben herab* und belächeln sie. Ganz allmählich begegnen wir unserem Partner auf diese Weise nicht mehr auf Augenhöhe.

Eine Ehefrau, die ihrem Mann nicht mit Achtung und Respekt begegnet, sagt sehr viel über sich selbst aus. Sie wird wahrscheinlich auch mit sich selbst nicht sehr respektvoll umgehen. Damals, in unserer Anfangszeit, achtete ich Holger eigentlich sehr. Doch neben ihm fühlte ich mich manchmal etwas *kleiner*. Es war meine geringe Selbstachtung, die aus mir herausplatzte, wenn ich mich an den Fehlern von Holger erfreute oder betonen musste, was er nicht so gut auf die Reihe bekam. Eigentlich hätte ich von tiefstem Herzen sagen können: »Ja, ich achte und respektiere meinen Mann – sogar sehr!« Doch mein Verhalten machte das nicht deutlich – und vor allem kam es bei Holger nicht an!

Ich hätte anfangs nie gedacht, dass Holger meine Achtung guttun könnte. Er wirkte so stark und unabhängig. Damit habe ich unterschätzt, wie wichtig er das nahm, was ich über ihn dachte und äußerte. Als seine Partnerin und Ehefrau bin ich diejenige, die ihn am besten kennt. Ich kenne seine Schwachpunkte und Herausforderungen. Umso wichtiger ist Holger daher meine Meinung über ihn – und das wiederum ehrt mich. Denn es macht mir deutlich, wie sehr er mich und meine Meinung schätzt; wie wichtig er mich nimmt und wie wichtig ich ihm tatsächlich bin.

Jetzt – am Anfang eurer Ehe – ist der richtige Zeitpunkt, einen guten und stärkenden Umgang miteinander einzuüben, damit ihr auch in Zukunft noch respektvoll miteinander umgehen könnt. Ehepaare, die einüben, einander auf Augenhöhe zu begegnen, legen eine wichtige Grundlage für die gemeinsame Zukunft.

Anregungen für das Gespräch

- Empfindet ihr euch von eurem Partner respektiert und geachtet?
- In welchen Momenten fühlt ihr euch am meisten geachtet und respektiert?
- Was muss passieren, damit ihr auch in 10 oder 15 Jahren noch respektvoll miteinander umgeht?
- Wo erlebt ihr Situationen, in denen ihr den Respekt, den ihr eurem Partner gegenüber empfindet, nicht richtig ausdrückt? Was sind die Gründe dafür? Wie erlebt euer Partner diese Situationen?

Einladung zum Gebet

Jesus Christus, wir danken dir, dass du uns dazu ermutigst, respektvoll mit uns selbst und dem anderen umzugehen. Wir danken dir, dass wir das gemeinsam mit unserem Ehepartner lernen können. Hilf uns dabei, dass wir immer wieder erkennen, wenn wir die Achtung vor unserem Partner verlieren, damit wir uns dem bewusst entgegenstellen können. Bitte heile Verletzungen, die bei uns beiden entstanden sind, wenn wir uns nicht mit dem notwendigen Respekt begegnet sind. Hilf uns, diese negativen Erfahrungen loszulassen, und zeige uns, wie wir es beim nächsten Mal besser machen können. Amen.

38. Ist doch ganz einfach!

> Als Menschen, die zu Christus gehören, bilden wir alle ein unteilbares Ganzes; aber als Einzelne stehen wir zueinander wie Teile mit ihrer besonderen Funktion. Wir haben ganz verschiedene Gaben, so wie Gott sie uns in seiner Gnade zugeteilt hat.
>
> Römer 12,5–6 (GNB)

»Ehe ist ganz wunderbar: Einer macht das Frühstück und zwei dürfen essen!« So lautete Holgers Fazit aus unseren ersten Ehe-Tagen. Wobei er es war, der das Frühstück machte. Ich durfte mich einfach an den gedeckten Tisch setzen. Das lag wohl daran, dass ich länger im Bad brauchte. Noch heute bereitet Holger bei uns das Frühstück vor. Nicht, weil er eine explizite Gabe dazu hat, sondern weil es ganz praktisch die bessere Lösung ist. Nicht für alle Aufgaben, die als Ehepaar auf uns zukommen, benötigen wir eine ausdrückliche Gabe. Aber es erleichtert unseren Ehe-Alltag sehr, wenn wir uns in unserer Unterschiedlichkeit unterstützen.

1. Wir haben verschiedene Gaben

»Das ist doch ganz einfach!« So lautet immer die Antwort meiner Mutter, wenn ich sie nach Kochtipps ausfrage. Ja, für diejenigen, die eine bestimmte Gabe haben, sind die Dinge einfach leichter. Das bedeutet aber nicht, dass es für alle *ganz einfach* ist. Denn dem einen liegt vielleicht mehr das Kochen und ein anderer hat ein Händchen für die Finanzen. Wie gut, dass wir da in unserer Unterschiedlichkeit zusammengestellt sind. Das bereichert uns.

Wir dürfen uns gegenseitig mit dem, was Gott in uns hineingelegt hat, ergänzen. Wir haben verschiedene Gaben und können uns mit diesen unterschiedlichen Gaben unterstützen. Unsere Unterschiedlichkeit wird damit zum Gewinn für uns beide. Wir sind dankbar, dass Holger Freude daran hat, sich um das Auto zu sorgen und es mir leicht von der Hand geht, mich um die Wäsche zu kümmern. Darin ergänzen wir uns gut, denn für jeden von uns ist das doch *ganz einfach*!

2. Gaben sind ein Geschenk

Eine Gabe bleibt ein Geschenk. Sie ist nicht selbstverständlich. »Gott (hat) sie uns in seiner Gnade zugeteilt«, steht in Vers 6. Das heißt: Wir können unsere Gaben nicht gegeneinander aufwiegen oder bewerten. Und wir dürfen auch nicht erwarten, dass das, was uns so selbstverständlich erscheint, für unseren Partner auch selbstverständlich ist. Das kann nämlich schnell frustrieren.

Holger kann sich beispielsweise gut artikulieren. Ihm fällt es leicht, Worte für bestimmte Situationen zu finden. Gerade im Streit kann er seine Gedanken und Emotionen deutlich ausdrücken. Ich bin da anders. Ich werde im Streit eher stiller. Seine vielen Worte überrollen mich schnell und in meinem Kopf entsteht Chaos. Ich komme nicht mehr hinterher, sie zu sortieren. Und ich brauche dann auch wesentlich länger, um nach einem Streit wieder auf ihn zuzugehen.

Anfangs entstanden viele Enttäuschungen, weil Holger meine Wortarmut ärgerte: »Gib mir doch wenigstens eine Rückmeldung, dass du mich verstehst. Oder sag mir doch kurz, wie es dir damit geht.« Er ging davon aus, dass es selbstverständlich sei, sich dem anderen mitteilen zu können – auch mit Chaos im Kopf. Doch wenn wir erwarten, dass das, was uns leicht von der Hand geht, auch selbstverständlich für den anderen ist, kann uns das schnell unzufrieden machen, weil wir an unserem Partner nur noch das sehen, was er *nicht* kann. Auf diese Weise wird unsere unterschiedliche Begabung eher zum Ärgernis als zur Bereicherung.

3. Wir dürfen uns gegenseitig ergänzen

Wir sind dazu eingeladen, als Einzelne zueinander zu stehen wie Teile, die sich ergänzen (vgl. V. 5). Als Ehepaar dürfen wir unsere unterschiedlichen Gaben einander ergänzend zur Verfügung stellen. Jeder darf mutig das einbringen, was er an Gaben mitbringt, denn das hilft beiden.

Nach vielen enttäuschenden Streitereien hat Holger mich damals sehr überrascht, als er mir aus heiterem Himmel mitteilte: »Wenn es mir – besonders nach einem Streit – leichter fällt, Worte zu finden, dann möchte ich mich nicht länger darüber ärgern, dass du es nicht so gut kannst. Ich sehe es als meine Gabe und damit auch als meine Aufgabe an, uns nach einem Streit wieder zusammenzubringen.«

Das hat mich sehr erstaunt und es hat vieles zwischen uns verändert. Holger übernahm nun Verantwortung. Ich empfand das als sehr wertschätzend. Dadurch wurde ich angespornt, ebenfalls meinen Teil dazu zu tun, um es ihm nach einem Streit möglichst einfach zu machen – auch wenn es nicht meiner Gabe entsprach.

Und es motivierte mich, an den Stellen, an denen ich Gaben besitze, ebenfalls meine Verantwortung zu übernehmen. Jede Gabe beinhaltet gleichzeitig eine Aufgabe – und wir sind dazu eingeladen, die Verantwortung für unsere Aufgaben innerhalb unserer Ehe anzunehmen. Denn damit dienen wir letztendlich uns beiden.

Anregungen für das Gespräch

- Welche unterschiedlichen Gaben bringt ihr beide mit? Welche erkennt ihr bei euch selbst, welche bei eurem Partner?
- In welchen Bereichen seid ihr herausgefordert, euren Gaben entsprechend auch bestimmte Aufgaben zu übernehmen?
- Wo ist einer von euch vielleicht überfordert, weil er sich mit Aufgaben abmüht, die nicht seiner Gabe entsprechen? Wie könnt ihr einander an diesen Stellen entlasten?

Einladung zum Gebet

Jesus, danke, dass du uns mit so unterschiedlichen Gaben beschenkt hast und wir uns darin ergänzen dürfen. Zeige uns, wie wir zu unseren Gaben und auch zu unseren Aufgaben stehen können. Danke, dass du uns dabei hilfst, verantwortlich mit unseren Gaben umzugehen und zu erleben, dass es für uns beide ein Gewinn ist, wenn wir unsere verschiedenen Gaben in unsere Ehe einbringen. Amen.

39. Marionette oder Rebell

»Nun lauf doch nicht gleich wieder weg«, sage ich zu meiner Frau. Wir hatten uns mal wieder in einer Debatte über irgendeine Banalität verhakt. Und nun ist meine Frau einfach aus der Diskussion ausgestiegen. Sie ist zwar noch körperlich anwesend, aber innerlich ist sie ganz woanders und redet nicht mehr. Das kenne ich so nicht. In meiner Herkunftsfamilie wurde viel diskutiert. Da war eine Debatte ein richtiger Schlagabtausch. Es ging weniger um den Sieg als mehr um den Kampf der Argumente. Das war die Auseinandersetzung.

Dieses mir sehr vertraute Modell scheint nun nicht mehr zu funktionieren. Denn ein falsches Wort und meine Frau *steigt aus*. Für mich ist es kaum auszuhalten, wenn meine Partnerin nicht mit mir spricht und sich so aus dem Staub macht. Ich kam mir in manch einem Streit vor wie ein bellender Hund, der einem ängstlichen Kaninchen hinterherläuft und es nicht zu fassen bekommt. Innerlich dachte ich manches Mal: »Wen habe ich da bloß geheiratet? Mit der kann man sich nicht mal richtig auseinandersetzen. Irgendwie ist die so ein ganz anderer Typ. Ich verstehe das nicht. Was soll ich da bloß machen, Gott?«

Ähnlich ging es vielleicht den Pharisäern und Schriftgelehrten, von denen die Bibel im Neuen Testament in Lukas 15 berichtet. Diesen Menschen erzählt Jesus eine Geschichte, die mit einem einfachen Satz beginnt:

> Ein Mann hatte zwei Söhne.
>
> Lukas 15,11

Dieser Satz wird so schnell überlesen, weil die danach folgende Geschichte unter der Überschrift »Der verlorene Sohn« sehr bekannt ist (vgl. Lukas 15,11-32). Jesus erzählt hier von einem Mann, der zwei ganz unterschiedliche Kinder hat. Diese zwei Brüder könnten ungleicher nicht sein: Der eine kann es kaum erwarten, sich mit dem Erbe seines Vaters aus dem Staub zu machen, um sein Leben zu genießen. Er ist ein richtiger Draufgänger und Lebemann. Als dieser dann demütig und arm zurückkehrt, regt der andere Bruder sich auf: Er ist ein sehr beständiger und gewissenhafter Mensch. Dennoch wird schnell klar, dass auch er seinen Vater längst verlassen hat, allerdings nur innerlich. Äußerlich lebt er noch auf dem Hof seines Vaters, aber innerlich hat er sich von dem Vater und dem Hof distanziert.

Interessant ist, wie der Vater in der Geschichte mit den beiden Söhnen umgeht: Auf den einen, der abgehauen ist, wartet er einfach. Er lässt ihn ziehen und wartet und wartet und wartet. Manche Menschen brauchen das. Als er dann schließlich zurückkommt, freut sich der Vater unbändig.

Dem anderen Sohn, der nicht abgehauen ist und auf dem Feld arbeitet, geht er hinterher. Dieser Sohn braucht es, dass man ihn sucht und ihm hinterhergeht. Der Vater macht sich daher auf zu seinem zweiten Sohn, der zwar noch auf dem Hof ist, aber der noch viel weiter weg zu sein scheint als sein Bruder (vgl. V. 30: »Doch jetzt, wenn *dein* Sohn daherkommt«).

Gott hat uns Menschen so unterschiedlich geschaffen, wie auch die beiden Brüder aus dem Gleichnis unterschiedlich sind. Und er geht auch unterschiedlich mit uns um. Manche seiner Kinder gleichen Rebellen, die abhauen, die ausreißen müssen. Andere scheinen eher wie Marionetten zu funktionieren. Beiden begegnet Gott auf die Art und Weise, wie es ihnen guttut und sie es verstehen können. So ist Gott. Er weiß, wie wir sind und was wir brauchen – im Leben wie im Glauben.

Erst in der Krise und in der Auseinandersetzung werden diese unterschiedlichen Typen sichtbar. Ein Rebell braucht die Umkehr – und die braucht Zeit. Die Marionette braucht die Einladung zum Leben, zum Feiern und zur Gelassenheit – im Leben wie im Glauben.

Wir können von Gottes Weite, der Vielfalt seiner Schöpfung und seinem Umgang mit seinen Geschöpfen viel über ein gutes Miteinander lernen. Gott geht auf Menschen unterschiedlich ein. Manche brauchen klare Regeln und andere brauchen Freiheit. Manchen muss man hinterhergehen, andere brauchen es, dass man sie loslässt.

Meine Frau ist genau wie ich ein Geschöpf Gottes, aber sie ist ganz anders als ich. Ich habe lange gebraucht, um meine Frau zu verstehen. Langsam erahne ich, was ihr guttut und in welcher Weise wir einander begegnen können. Noch länger brauche ich allerdings, mich selbst kennen- und verstehen zu lernen. In der Auseinandersetzung mit meiner Frau erkannte ich meine Prägung und kann diese nun mit anderen Augen sehen. Deshalb bin ich dankbar – gerade auch durch meine Frau – Gottes Größe und Vielfalt noch besser kennenzulernen.

Anregungen für das Gespräch

- Mit welchem Typ könnt ihr euch mehr identifizieren – mit dem Rebellen oder der Marionette?
- Kennt ihr noch andere Typen?
- Wo erlebt ihr eure Unterschiedlichkeit am stärksten, vielleicht sogar als Belastung? Wo erlebt ihr euch als Einheit?
- Was könnt ihr von der Unterschiedlichkeit des anderen lernen?

Einladung zum Gebet

Jesus Christus, du liebst die Vielfalt. Danke, dass du uns Menschen so unterschiedlich gemacht hast. Du weißt, mit uns in rechter Weise umzugehen. Lass uns hier von dir lernen und zeige uns, wie wir der Unterschiedlichkeit des jeweils anderen richtig begegnen und sie als einen Schatz für unsere Ehe erkennen können. Danke, dass unsere Unterschiedlichkeit uns deine Größe vor Augen führt. Amen.

40. Herzwärts

»Gehen Sie doch einmal *ohne Handy* für vier Stunden in den Wald. Und dann schauen Sie, was mit Ihnen geschieht, wenn Sie mit sich ganz allein sind. Die erste Zeit ist beinahe unerträglich. Die Stille ist so laut. Doch dann wird sich etwas verändern. Sie kommen bei sich an.« So in etwa lautete das Fazit eines Vortrages von Dr. Michael Winterhoff zum Thema »Die Wiederentdeckung der Kindheit«[4]. Er ist seit über dreißig Jahren Kinder- und Jugendpsychiater und Autor einiger Bücher. Anhand seiner langjährigen Erfahrungen machte er deutlich, dass immer mehr Menschen an ihrer Psyche erkranken, weil diese keine Möglichkeiten mehr zum Reifen hat. Interessant, dass er als Psychologe genau das beobachtet, was uns in der Bibel bereits anvertraut wird:

> Vor allem aber behüte dein Herz, denn dein Herz beeinflusst dein ganzes Leben.
>
> Sprüche 4,23

Was wir so alles machen

Vor allem scheinen wir heute eher damit beschäftigt zu sein, der ganzen Welt zu zeigen, was wir gerade tun, wie unsere Wohnung dekoriert ist, was wir essen, wie erfolgreich wir gejoggt sind oder wie gut wir gerade aussehen. *Vor allem* sind wir damit beschäftigt, das Leben unserer Mitmenschen zu *liken* und gleichzeitig dafür zu sorgen, dass wir selbst ausreichend *Follower* haben.

Wir sind mit allem beschäftigt und überall zugleich. Doch wir sind immer weniger bei uns selbst, bei unserem Herzen. Es findet immer weniger Beachtung und bleibt auf der Strecke. Es wird unterversorgt und krankt immer mehr.

Was uns fehlt

Unser Herz ist organisch der Motor, der uns am Leben hält. Symbolisch steht es für die Liebe. Es steht für das Leben: Wir fühlen uns lebendig, wenn wir *herzhaft* lachen können. Wir fühlen uns dort wohl, wo uns *Herzlichkeit* entgegengebracht wird. Etwas ist uns ein *Herzensanliegen*, wenn wir ausdrücken wollen, dass uns eine Sache sehr wichtig ist. Und wir stecken viel Leidenschaft in etwas, wenn wir mit viel *Herzblut* an eine Sache herangehen.

In unserem Herzen scheint sich all das zu bündeln, was wir mit wertvollem Leben verbinden, so beschreibt es auch die Bibel: »Dein Herz beeinflusst dein ganzes Leben.« Luther übersetzt es noch treffender: »Denn daraus quillt das Leben!« (Sprüche 4,23; LUT). Unser Leben geht aus unserem Herzen hervor. Unser Herz steht für die Wurzel all unserer Lebendigkeit und tiefen Emotionen. Diesen Zugang haben viele verloren: den Zugang zu ihrem Herzen, zu ihrer Seele, zu ihrer Sehnsucht nach Leben.

Genau aus diesem Grund legt uns der Bibeltext nahe, dass wir unser Herz vor allem anderen behüten sollen. Etwas zu behüten bedeutet, dass wir es im Auge behalten. Wir gewähren Schutz. Wir bleiben im Kontakt. Manchmal müssen wir auch erst einmal den Kontakt herstellen. Auf Knopfdruck funktioniert das nicht. Anfangs benötigen wir vielleicht sogar viel Zeit, um an unsere Bedürfnisse und Sehnsüchte heranzukommen. Vielleicht brauchen wir dazu viel Stille – fernab aller Dinge, die sonst auf uns einströmen.

Wie können wir an unser Herz kommen?

Ich erlebe es immer wieder, dass auch kreative Mittel einen Zugang zu unserem Herzen ermöglichen. Durch Kreativität wird unser Herz sprachfähig. Musik kann uns helfen, Gott zu loben und ihn anzubeten. Gottes kreative Schöpfung kann uns eine Ahnung von der Schönheit und der Größe Gottes geben.

Vielleicht versucht ihr einfach mal, ein weißes Blatt Papier und Buntstifte mit in eure Stille zu nehmen. Und dann malt ihr dort euer Herz drauf. In unterschiedlichen Farben und Größen ergänzt ihr nun all das, was euch gerade beschäftigt. Während ihr das skizziert, könnt ihr mit Gott ins Gespräch kommen und ihm davon erzählen, was ihr dort malt und was das Thema mit euch macht.

Wie wäre es, wenn ihr euch diese Woche dafür Zeit nehmt, den Kontakt zu eurem Herzen wiederherzustellen? Auf die Art und Weise, die euch entspricht. Denn je regelmäßiger wir den Kontakt zu unserem Herzen einüben, umso schneller erlangen wir Zugang zu unseren Sehnsüchten und Bedürfnissen. Durch den Zugang zu unserem Herzen lernen wir unser Herz wahrzunehmen und zu behüten. Genau das brauchen wir, denn unser Herz beeinflusst unser ganzes Leben.

Anregungen für das Gespräch

- Habt ihr den Eindruck, dass ihr Zugang zu eurem Herzen habt?
- Kreativität ist ein Weg, der unser Herz sprachfähig macht. Habt ihr kreative Gaben, die ihr dafür nutzen könnt? Was würde euch daneben noch helfen, neu Zugang zu eurem Herzen zu bekommen?
- Plant ihr Zeiten in euren Alltag ein, in denen ihr für euer Herz sorgt?

Einladung zum Gebet

Jesus Christus, danke, dass du uns in unserer vollen Zeit daran erinnerst, wie lebenswichtig es für uns ist, dass wir auch Zeiten haben, in denen wir uns um unser Herz kümmern. Das ist häufig gar nicht einfach, weil es nicht von alleine geht, sondern viel Kraft benötigt. Hilf uns dabei, dass wir uns immer wieder Zeit dafür nehmen, damit unser Herz lebendig bleibt. Amen.

41. Einfach mal nix tun

> Denk an den Sabbat und heilige ihn. Sechs Tage in der Woche sollst du arbeiten und deinen alltäglichen Pflichten nachkommen, der siebte Tag aber ist ein Ruhetag für den Herrn, deinen Gott. An diesem Tag darf kein Angehöriger deines Hauses irgendeine Arbeit erledigen. Das gilt für dich, deine Söhne und Töchter, deine Sklaven und Sklavinnen, dein Vieh und für alle Ausländer, die bei dir wohnen. Denn in sechs Tagen hat der Herr den Himmel, die Erde, das Meer und alles, was darin und darauf ist, erschaffen; aber am siebten Tag hat er geruht. Deshalb hat der Herr den Sabbat gesegnet und für heilig erklärt.
>
> 2. Mose 20,8–11

Ich muss immer rumwurschteln. Ich muss immer was zu tun haben. Nichts tun – das fällt mir schwer. Dabei habe ich diese Pausenzeiten sehr nötig, sonst werde ich ungenießbar. Dennoch habe ich manchmal den Eindruck: Ich bin es mir nicht wert, eine Pause zu machen. Daher habe ich den Sonntag oder einen Ruhetag zu Beginn unserer Ehe fast nie eingehalten. Ich konnte mich auch aufgrund meines Jobs als Pastor immer sehr gut herausreden: Schließlich habe ich das alles ja für Gott gemacht. Und der findet das doch toll, oder?

Leider hatte ich übersehen, dass sogar Gott nach sechs Tagen Arbeit geruht hatte. Ob er es nötig hatte, weiß ich nicht. Aber Tatsache ist, dass er nach sechs Tagen eine Pause machte, obwohl die Schöpfung bis heute noch nicht abgeschlossen ist. Respekt! Und dann hatte er Zeit zum Genießen. Keine sinnlose, aber eine sinnfreie Zeit. Wenn Gott das darf und das macht, dann ist das wohl auch nicht verkehrt. Dann dürfen wir Menschen das auch – und brauchen das vor allem.

Zeitplanung und Zeitmanagement ist in vielen Partnerschaften ein großes und oft konfliktreiches Thema. Zum Glück hatte meine Frau an dieser Stelle viel Geduld mit mir, denn ich brauchte viele Jahre, um diesen Punkt besser zu verstehen und vor allem um ihn auch umzusetzen! Denn der gute Wille und die grundsätzliche Erkenntnis waren da. Aber wie mache ich das praktisch?

Zunächst musste ich mir klar werden: Es geht nicht darum, einen langweiligen Tag oder eine öde Zeit zu verbringen. Gott lädt mich dazu ein, meine Arbeit ruhen zu lassen. Es geht nicht nur darum, weniger zu tun, sondern vor allem darum, *etwas anderes* zu tun. Wir sind eingeladen, das Leben zu feiern, zu genießen und abzuschalten. Vielleicht heißt das auch mal, nichts zu tun. Vielleicht bedeutet das aber auch, einer Leidenschaft nachzugehen, für die ich sonst keine Zeit habe. Aber dieses andere ist für mich auch Gott. Das andere ist mein Glaube und meine Beziehung zu ihm. Und mit diesem Gott will ich Zeit verbringen, weil er mir in der Woche manchmal verloren zu gehen scheint.

Mir helfen daher Fixpunkte, also besondere Zeiten, an denen ich die Möglichkeit habe, mit Gott in Kontakt zu kommen. Das kann der Sonntag sein, aber auch andere Auszeiten und Sabbatzeiten. Seit einiger Zeit versuche ich, möglichst viele Tage mit einer kleinen Sabbatzeit zu beginnen: Ich setze mich auf einen Stuhl, zünde eine Kerze an, atme aus und werde einen Moment lang einfach still. Oft nehme ich die Losungen zur Hand oder einen Bibelvers, den ich mir laut vorlese. Dann spreche ich ein kurzes Gebet. Oft erlebe ich aber auch einfach nur die Stille. Manchmal mache ich das nur ein bis zwei Minuten. Doch es hilft mir, den Tag ganz bewusst in der Gegenwart Gottes zu beginnen und nicht rastlos und hektisch durch den Tag zu eilen.

Nach der Arbeit gehe ich manchmal joggen. Wenn der Körper und die Atmung dann in einem gleichmäßigen Rhythmus sind, hilft mir das auch, abzuschalten und mich zu erholen. Ich brauche diesen körperlichen Ausgleich, ohne den ich keine Ruhe finden kann. Ich plane mir im Jahr eine Woche Auszeit mit dem Fahrrad ein. Eine Zeit, um mich freizustrampeln von der Arbeit und neue Ziele und Wege in den Blick zu nehmen. Das macht mich frei und lässt mich auftanken.

Gott lädt uns ein zu solchen Sabbat- und Ruhezeiten. Wir brauchen das in regelmäßigen Abständen. Und jeder Mensch hat dafür genügend Zeit. Wir dürfen das mit einplanen – genauso, wie wir Urlaub planen. Ich habe sogar gemerkt: Ohne diese Auszeiten bin ich kein guter Partner. Ich brauche diese Zeiten, um ganz bei mir anzukommen und mich anzunehmen.

Ganz praktisch hat mir eine neue Strukturierung meines Arbeitsalltages geholfen. Ich plane jede Woche Auszeiten ein – wie einen Termin. Diese Zeiten kennt auch meine Frau. Wir sprechen darüber, ob wir sie zusammen verbringen oder jeder für sich. Und dann weiß ich: Ich darf mir etwas Gutes tun. Wir dürfen uns etwas Gutes tun: Ob beim Joggen, beim Kerze anzünden oder an einem freien Tag, an dem ich mit meiner Frau oder mit Freunden einfach die Zeit und das Leben genießen darf.

Anregungen für das Gespräch

- Was tut euch gut? Was braucht ihr für Auszeiten in der Woche / im Jahr? Wobei könnt ihr entspannen?
- Was braucht jeder Einzelne von euch, um aufzutanken?
- Welche gemeinsamen Auszeiten sind für euch als Paar wichtig?

Einladung zum Gebet

Jesus Christus, du schenkst uns genügend Zeit. Lass uns diese Zeit so nutzen, wie es uns guttut. Hilf uns bei unserer Zeitplanung. Lass uns im Hier und Jetzt leben. Gib uns Mut, Auszeiten einzuplanen, und Geduld mit uns selbst und einander, wo wir es noch nicht schaffen, diese auch umzusetzen. Amen.

42. Trotzdem begehrt

> Ich gehöre meinem Geliebten; und ich bin es, nach der er sich sehnt.
>
> Hohelied 7,11

Ein Doppelname kommt nicht in Frage: »Hirsch-Mix«, das geht gar nicht. Da könnte ich mich ja gleich Gulasch nennen. Glücklicherweise gibt es heute viele Varianten: Wir können ganz klassisch gemeinsam den Nachnamen des Ehemannes übernehmen, oder der Ehemann übernimmt den Namen der Ehefrau. Doch auch das war in unserem Fall nicht weniger seltsam: *Holger Hirsch* erinnert wohl eher an Harry Hirsch, den Reporter aus der Feder von Otto Waalkes. Das ist auch nicht glücklich. Ich sehnte mich nach dem *einen* Familien-Namen, der vor der Haustür steht: »Herzlich willkommen bei Familie Mix«. Unser gemeinsamer Name sollte ausdrücken: Wir gehören nun zusammen! Ich gehöre zu ihm!

»Ich gehöre meinem Geliebten«, spricht auch die Frau in Hohelied 7 ihrem Freund zu. Und in meinen Ohren klingen ihre Worte sinnlich und auch ein wenig stolz. So habe ich mich damals gefühlt, als durch unsere Hochzeit klar wurde, dass ich nun endlich offiziell zu meinem Mann gehöre. Ich gehöre zu dem, nach dem ich mich gesehnt habe, und den ich begehre. Ich bin nun ein Teil von ihm, den ich so sehr liebe, und den ich attraktiv und begehrenswert finde. Was für ein großartiges Geschenk! Was für eine Freude!

»Und ich bin es, nach der er sich sehnt!«, sagt die Frau aus Hohelied weiter, nachdem ihr Freund sie malerisch und lebendig bis ins kleinste Detail ihres Körpers beschreibt: »Die Rundungen deiner Hüften sind wie Geschmeide« (V. 2), »dein Bauch ist wie ein Weizenhügel, gesäumt mit Lilien« (V. 3) und »deine Brüste sind wie Trauben« (V. 8). Man kann die aufgeheizte Spannung zwischen ihnen beinahe spüren. Der Atem stockt. Das Herz schlägt höher. Sie scheint diesen intensiven Blick ihres Freundes zu genießen und präsentiert sich ihm mit dem, was sie hat. Sie genießt sein Ansehen.

Ich bin da anders. Wenn Holger mir sagt: »Dein Bauch ist so wunderbar weich!«, dann liegt es mir auf der Zunge: »Keine Frage, das liegt am guten Unterfutter.« Und schon ist jeder sinnliche Moment zerstört. Anstatt mich ihm voll Stolz und Selbstbewusstsein zu präsentieren, kontere ich mit allem, was in meinen Augen nicht so schön ist.

Für Holger ist meine Kritik an meinem Äußeren zermürbend. Seine Worte dringen dann gar nicht zu mir durch. Als ich letztens wieder einmal vor dem Spiegel stand und hörbar mein Äußeres kritisierte, kam er zu mir. Er legte seine Arme auf meine Schulter und schaute mir liebevoll tief in die Augen: »Georgia, hör auf so negativ über die Frau zu reden, die ich liebe!«

Es kann sein, dass wir Frauen einen sehr kritischen Blick auf uns und unseren Körper haben. Aber können wir uns auch vorstellen, dass unser Partner das ganz anders wahrnimmt? Können wir uns vorstellen, dass unser Ehepartner tatsächlich schön findet, was wir vielleicht gar nicht gerne mögen? Ist uns klar, dass unser Partner einfach nur traurig ist, wenn wir ihm unseren Körper vorenthalten, weil wir glauben, dass er nicht ansehnlich ist? Können wir glauben, dass unser Partner uns so liebt, wie wir sind – mit unserer ganzen Gestalt, mit unseren Beinen, unserem Bauch, unseren Brüsten –, und dass er sich vielleicht nur danach sehnt, uns mit allen Sinnen zu genießen, uns zu spüren und zu entdecken?

»Ich gehöre meinem Geliebten; und ich bin es, nach der er sich sehnt.« Was für eine kraftvolle Aussage! Sie darf alle Selbstzweifel zerschlagen, denn wir gehören längst zu unserem Ehepartner. Wir dürfen uns ihm nun präsentieren mit dem, was wir haben, und ihn mit unseren Reizen verführen, denn wir sind es, »nach der er sich sehnt.«

Anregungen für das Gespräch

- Ihr habt einander zugesprochen: »Ich gehöre dir!« Was bedeutet euch das?

- In welchen Bereichen würde es etwas verändern, wenn ihr eurem Partner mutig begegnet mit dem Wissen, dass er/sie euch liebt und bewundert?
- Wo könnte die positive Wahrnehmung eures Partners eure allzu kritische Selbstwahrnehmung korrigieren?

Einladung zum Gebet

Jesus Christus, danke, dass wir zueinander gehören. Das ist wirklich eine große Freude. Danke, dass du uns so gemacht hast, wie wir sind. Danke, dass wir uns einander schenken dürfen und nichts zurückhalten brauchen. Bitte gib, dass wir uns dabei nicht selbst im Wege stehen, indem wir uns selbst kritisieren und schlechtmachen. Danke, dass du ein Freund von Sinnlichkeit bist und uns eine gesunde Einstellung zu unserem eigenen Körper geben möchtest. Amen.

43. Genießer-Tage

Es ist ein wunderschöner Garten: weitläufig und geräumig. Einzigartige Blumenbeete zieren den Garten. Astern, Ringelblumen, Hortensien aller Art schaffen herrliche Farbtupfer. Kleine Obstbäume schenken im Sommer natürlichen Schatten und den Genuss frischen Obstes. Es gibt immer irgendwo etwas zum Naschen: Kirschen, Himbeeren, Erdbeeren, Johannisbeeren, Äpfel. »Der Garten ist wirklich wunderschön!«, bemerke ich anerkennend, als wir wieder einmal zu Besuch bei Freunden sind. »Hier kann man es sich richtig gut gehen lassen!« Und während meine Familie und ich die Vorzüge dieses idyllischen Ortes genießen, höre ich ernüchternd: »Eigentlich sitze ich sehr selten hier. Im Garten arbeite ich oft nur und vergesse dabei, ihn auch mal zu genießen.«

Im Hinblick auf die Ehe erlebe ich das oft ähnlich: Wir erleben das große Geschenk, zu zweit durchs Leben zu gehen; bestätigt zu sein; umschwärmt zu werden. Wir haben jemanden an unserer Seite, der uns liebt und der uns ein Gefühl von *Zuhause sein* schenkt. Doch wir verlieren den Blick für all das Gute und die Schönheit der Beziehung, weil wir es nicht mehr wahrnehmen. Ein Garten, den wir vor lauter Arbeit nicht mehr genießen können, kann schnell seinen Reiz verlieren. Er wird uns zur Last und Mühe. Genauso ist das auch in der Ehe. Es braucht Zeiten, in denen wir die Vorzüge unserer Beziehung und die Schönheit unseres Partners wahrnehmen können. Daran erinnert uns Prediger 2,24-25:

> Es gibt nichts Besseres für den Menschen, als sich an dem zu freuen, was er isst und trinkt, und das Leben trotz aller Mühe zu genießen. Doch ich erkannte, dass auch das ein Geschenk Gottes ist. Denn wie kann man sich am Essen oder Trinken freuen ohne sein Zutun?

Dieser Bibeltext lädt uns zum Genießen ein! All unsere Arbeit, unsere Mühe und unser Leben sind sinnlos, wenn wir das Genießen vergessen. Auch unsere Ehe wird glanzlos, wenn wir vergessen, sie zu genießen. Die Dudendefinition des Wortes *genießen* bedeutet: »Mit Freude, Vergnügen und Wohlbehagen auf sich wirken lassen«. Wir brauchen Zeiten, in denen wir unseren Partner in vollen Zügen auf uns wirken lassen, ihn bewusst wahrnehmen: ganzheitlich und mit allen Sinnen.

Holger hat besonders faszinierende Augen. Das fällt jedoch auf den ersten Blick nicht auf. Diese kunstvollen Augen kann man nur erkennen, wenn man ihn bewusst wahrnimmt und ihm *tief in die Augen blickt*. Doch das geschieht nicht im Vorübergehen, dafür braucht es besondere Momente. Holger und ich haben uns beim Tanzen auf einer Hochzeit kennengelernt. Das verbindet uns. Wenn wir heute besondere Ehe-Zeiten erleben, beginnen wir manchmal in unserem Wohnzimmer zusammen zu tanzen. Wir berühren uns und blicken uns in die Augen. Wir nehmen uns bewusst wahr: Die Körpergröße, die Körperform, die Ausstrahlung, die Haltung, den Gesichtsausdruck, die Schönheit, die Zartheit der Haut. Das schafft Nähe und führt uns immer näher zusammen.

Denn viel zu oft kommt es vor, dass wir den Partner im Alltag gar nicht mehr wahrnehmen, weil er uns selbstverständlich erscheint. Wir schauen gar nicht mehr so bewusst hin. Doch heute erinnert uns der Bibeltext daran, einander zu genießen und bewusst auf uns wirken zu lassen: Was lieben wir an unserem Partner äußerlich? Was schätzen wir an seinem Wesen?

All das wahrzunehmen ist ein Geschenk Gottes, das wir in all unseren täglichen Mühen wahrnehmen dürfen. In Zeiten, in denen wir die Schönheit unseres Ehepartners auf uns wirken lassen, können wir darin auch Gott wahrnehmen – den Schöpfer dieser Welt! Gott ist so ästhetisch. Er ist so kreativ und schafft solch eine Schönheit. Für unseren und – ich denke auch – seinen Genuss. Wir können seine Handschrift im anderen erkennen. Unser Partner ist ein Kunstwerk aus Gottes Hand. Und dass wir das immer wieder neu erkennen, ist auch »ein Geschenk Gottes« (V. 24).

Anregung für das Gespräch

- Wie leicht fällt es euch, euren Partner zu genießen und Gutes in und an ihm wahrzunehmen?
- Ihr seid beide einzigartige Geschöpfe Gottes. Wo war Gott bei eurem Partner besonders kreativ?
- Einander bewusst wahrzunehmen ist nicht immer einfach. Es kann auch verlegen oder unsicher machen. Geht es euch auch manchmal so?

Einladung zum Gebet

Herr, es ist gut, dass du uns daran erinnerst, dass wir in unserer Ehe dazu eingeladen sind, uns zu genießen. Es passiert so schnell, dass unser Ehepartner und unsere Ehebeziehung im Alltag selbstverständlich werden. Schenke uns immer wieder diesen tiefen Blick für den anderen, der uns zusammenführt. Danke, dass du es bist, der uns diese Momente schenkt. Bitte zeige uns, wo du uns heute solch einen Moment schenken möchtest. Amen.

44. Von To-do-Listen und Terminkalendern

> Alles hat seine Zeit, alles auf dieser Welt hat seine ihm gesetzte Frist: Geboren werden hat seine Zeit wie auch das Sterben. Pflanzen hat seine Zeit wie auch das Ausreißen des Gepflanzten. Töten hat seine Zeit wie auch das Heilen. Niederreißen hat seine Zeit wie auch das Aufbauen. Weinen hat seine Zeit wie auch das Lachen. Klagen hat seine Zeit wie auch das Tanzen. Steine zerstreuen hat seine Zeit wie auch das Sammeln von Steinen. Umarmen hat seine Zeit wie auch das Loslassen. Suchen hat seine Zeit wie auch das Verlieren. Behalten hat seine Zeit wie auch das Wegwerfen. Zerreißen hat seine Zeit wie auch das Flicken. Schweigen hat seine Zeit wie auch das Reden. Lieben hat seine Zeit wie auch das Hassen. Krieg hat seine Zeit wie auch der Frieden.
>
> Prediger 3,1–8

Alles hat seine Zeit? Bei uns leider nicht! Und bei mir schon gar nicht. Ich bin ein kreativ chaotischer Mensch, vielleicht nicht ganz so stark, aber irgendwie halt schon. Das ist schön und lässt das Leben nicht langweilig werden. Aber es kann auch herausfordernd und anstrengend sein, wenn man mit diesen Eigenschaften ein gemeinsames Miteinander gestalten will. Konkret: Oft habe ich so lange ein Motivationsproblem, bis ich ein Zeitproblem bekomme. Ich brauche den Druck, den Kick, wenn ich etwas fertigbekommen will. Daher bleiben viele Dinge bis zur letzten Minute liegen. Und dann hat gar nichts mehr Zeit. Meine Frau tickt da anders. Sie ist gerne schon einen Tag eher fertig und plant weiter im Voraus. Das ist oft sehr hilfreich – ich weiß gar nicht, ob wir sonst schon mal einen Urlaub gebucht hätten.

Aber durch unsere Unterschiedlichkeit war die Sache mit der Zeit für uns in den ersten Ehejahren oft eine Katastrophe. Konkret bedeutete das: Es gab keine Zeitplanung. Wir haben das nicht hinbekommen. Dadurch hatte auch nicht alles seine Zeit. Mir fehlte es an persönlicher Zeit, meiner Frau an Ehezeit.

Dazu kam, dass ich als junger Pastor nicht wusste, wie man in diesem Job überhaupt noch nebenher ein Eheleben gestaltet. Gefühlt habe ich immer gearbeitet. Das geht sicherlich vielen Berufseinsteigern so in ihrem neuen Job. Jedenfalls war es so: Das Thema bot genügend Konfliktpotenzial. Die Frage, die sich uns nach einiger Zeit stellte, war: Wie können wir im Bereich Zeitplanung weiterkommen, sodass wirklich alles seine Zeit hat, wie wir es im Predigerbuch lesen?

Das Leben von der Freizeit her planen

Eine Schlüsselerkenntnis war für mich: »Plane das Leben von der Freizeit her.« Das klingt für manche vielleicht lustig, meint aber Folgendes: Wir kennen unsere Arbeitszeiten und andere Verpflichtungen und denken unbewusst: »Die gesamte restliche Zeit haben wir dann ja zur Verfügung als Ehepaar.« Das ist aber leider nicht so. Wir sind nach einem Arbeitstag oft müde. Oder irgendwer hat Geburtstag oder die Eltern rufen an oder das Auto muss in die Werkstatt. Die Wäsche muss gemacht und das Essen gekocht werden. Und beim Zahnarzt mussten wir auch länger als geplant warten.

Das Ergebnis ist häufig, dass wir in dieser vielen anderen Zeit alles Mögliche machen, aber am Ende gar keine Zeit für unsere Ehe haben.

Daher haben wir zuerst begonnen, unserer Ehe bewusst Zeit einzuräumen: eine Ehezeit, in der wir ganz bewusst Eheleben gestalten. Einen Abend in der Woche tragen wir uns in den Kalender ein. Oder ein Wochenende, an dem wir nichts anderes machen, auch nicht mit Freunden. Wir haben Zeit – miteinander und füreinander. Zunächst klingt das nach weniger Zeit, bringt aber am Ende mehr. Wir können genau sagen, was wir an unserem 10. Hochzeitstag gemacht haben: Wir haben eine Fahrradtour gemacht. Das ist nun nichts Besonderes. Aber wir haben uns diesen Tag freigehalten – und das war richtig schön. Oder wir erinnern uns beide gerne an das Wochenende in einem Wellnesshotel. Das sind Qualitätszeiten, in denen alles seine Zeit hat.

Dennoch: Bei uns klappt vieles auch nach Jahren noch nicht. Wir gehen zwar kleine Schritte voran, aber wir ertappen uns immer noch dabei, dass wir gelebt werden und vieles einfach so passiert. Ich bin immer noch ein eher chaotischer Typ und meine Frau organisiert noch immer gerne. Also bringt das auch immer noch Spannungen mit sich.

Eines haben wir dabei aber gelernt: Es kommt nicht darauf an, dass wir die Sache mit der Zeit immer gut hinbekommen, sondern dass wir Zeiten des Genießens einplanen: Hoch-Zeiten. Gemeinsame Qualitätszeiten sind wichtiger als die Quantität unserer Zeit als Paar. Wir wollen nicht wesentlich mehr miteinander tun, sondern mehr Wesentliches: Jeder für sich und auch im Miteinander. Wir wollen gute Zeiten planen, statt ein immer professionelleres Zeitmanagement zu erlangen. Diese wertvollen Zeiten des Genießens, Feierns und der bewussten Lebensgestaltung bleiben noch lange erhalten. Zumindest erleben wir, dass die Weisheit des Predigerbuches recht hat: Es ist ein Geschenk, wenn wir Zeiten haben, an denen wir uns freuen können (vgl. Prediger 3,12-13), auch und besonders, um uns aneinander zu freuen.

Anregungen für das Gespräch

- Seid ihr zufrieden mit eurer Zeitplanung?
- Habt ihr genügend Hoch-Zeiten, also Zeiten des Feierns und des Genusses? Wie wollt ihr solche Zeiten leben und planen?
- Was hindert euch daran, solche Zeiten zu erleben? Plant ihr eure Zeit von der Freizeit her oder steht die Arbeit bei euch an erster Stelle?

Einladung zum Gebet

Allmächtiger Gott, du hast uns genügend Zeit geschenkt. Schenke uns die Weisheit, mit der vielen Zeit gut umzugehen und sie so zu gestalten, dass es zu uns passt. Mach uns darauf aufmerksam, wenn bestimmte Dinge in unserer Zeitplanung hinten runterfallen. Vor allem aber hilf uns, immer wieder Gelegenheiten zu ergreifen und zu schaffen, um bewusst Zeit miteinander zu verbringen. Amen.

45. Ich hätte so gerne ...

> Du sollst den Besitz deines Nächsten nicht begehren: weder sein Haus, seine Frau, seinen Sklaven, seine Sklavin, sein Rind, seinen Esel oder sonst etwas, das deinem Nächsten gehört.
>
> 2. Mose 20,17

»Das Vergleichen ist das Ende des Glücks und der Anfang der Unzufriedenheit.« So beschreibt es der dänische Philosoph, Theologe und Schriftsteller Søren Kierkegaard. »Wie recht er doch hat«, denke ich, als wir auf dem Heimweg von einem lustigen Abend bei Freunden sind. Mir ist die gute Laune vergangen. Auf unserem Heimweg ist mir das dicke Auto des befreundeten Pärchens aufgefallen. Autos sind mir zwar nicht wichtig, aber trotzdem: Die haben einen dicken Schlitten und wir nicht. Und in mir steigt dieses Gefühl des Neides hoch: Die anderen wohnen in einem schönen Haus, das sie ihr Eigen nennen dürfen; wir wohnen nur zur Miete. Immer weitere Gedanken, die mich herunterziehen, nehmen mich gefangen. Die anderen haben sehr lukrative Jobs oder begabte Kinder oder irgendetwas anderes.

Die lustige Stimmung ist mir im Hals stecken geblieben. Ich ärgere mich über mich selbst, denn es geht uns eigentlich richtig gut. Wir haben alles, was wir brauchen. Trotzdem kommt dann und wann so eine Eifersucht über mich; ein Begehren, das aus dem Vergleichen kommt.

»Du sollst nicht begehren«, heißt es in dem 10. Gebot. Das klingt mir alt und vertraut. Aber ein Gebot, das ich an dieser Stelle schnell als Verbot wahrnehme, bringt mich nicht weiter. Mir hilft an dieser Stelle immer wieder ein Blick auf meine Motivation: Warum vergleiche ich mein Leben an dieser Stelle mit dem Leben anderer?

Mir ist aufgefallen: Immer dann, wenn mir die Klarheit über meine Werte, meine Ziele und meinen Stil verloren geht, werden sie von anderen eingenommen. Dann denke ich schnell: »Das brauche ich auch noch. Und das auch.«

Als Ehepaar hat uns eine Frage aus dem Buch »Die drei Fragen des hektischen Familienlebens« von Patric Lencioni[5] weitergeholfen: »Was zeichnet ihre Familie vor allen anderen aus?« In dem Buch vergleicht der Unternehmensberater Lencioni die Familie mit einem Unternehmen. Seine These: Familien und Unternehmen haben viel gemein. Als Familie können wir daher auch ein gemeinsames Ziel, ein besonderes Leitbild oder Kernwerte entwickeln.

Das hat uns inspiriert und wir haben es auf unsere Ehe übertragen: Was ist unsere Identität? Was unterscheidet uns von anderen Paaren? Was haben nur wir, was kein anderer hat? Was macht unsere Ehe und unsere Beziehung einzigartig? Was ist unser Slogan, unser Motto? Was sind unsere Kernwerte?

Wir haben einfach mal angefangen, an einigen Kneipenabenden alles auf Bierdeckeln und kleinen Zetteln aufzuschreiben: »Wir sind kreativ. Wir lieben die Kirche und Gott. Kinder sind uns wichtig. Wir nehmen das Leben manchmal zu ernst.« Schnell füllten sich die Zettel mit den unterschiedlichsten Eigenarten: Dinge zum Schmunzeln, ernsthafte Themen, Klares und Unklares. Das hat Spaß gemacht.

Dann haben wir diese Dinge versucht, zusammenzufassen und konkreter zu benennen. Das hat gedauert. Aber immer mehr kristallisierten sich ganz interessante Eigenschaften und Kernwerte heraus. Wir haben noch immer nicht den Werbeslogan für unsere Ehe, wie es manch ein Unternehmen hat. Immer wieder justieren wir nach, aber uns wird immer mehr klar, was uns ausmacht und was uns wichtig ist. Diese Gedanken haben unserer Ehe einen einzigartigen Wert verliehen: Das sind wir. So sind *nur* wir. Da ist unsere Geschichte drin, unsere Ideale, unser Alltag, alles.

Das Ergebnis ist: Wann immer ich mir diese Kernwerte vor Augen halte, muss ich nicht mehr neidisch sein. Mir hat es geholfen, aus einer eifersüchtigen Passivität in eine aktive Lebensgestaltung zu kommen. Ich brauche mich für mein Leben, meine Werte und meinen Besitz nicht schämen. Ich habe das alles so gewählt.

Und noch etwas ist dabei entstanden: Ich kann mich heute über den Reichtum und die Erfolge der anderen viel mehr freuen. Ich kann mich mitfreuen, mitfeiern und mich dann wieder unserer Identität zuwenden, ohne neidisch sein zu müssen.

Anregungen für das Gespräch

- Was macht eure Ehe aus? Was erfüllt euch am meisten?
- Was macht eure Ehe einzigartig? Was ist das Besondere an eurer Ehe?
- Wie würden andere eure Ehe beschreiben?

Einladung zum Gebet

Danke Jesus, dass wir so sein dürfen, wie wir sind. Du hast uns und auch unsere Ehe einzigartig gemacht. Wir dürfen unsere Werte, unseren Stil und unsere Berufung leben. Halte uns das immer wieder vor Augen und lass uns nicht unsere Identität aus dem Blick verlieren, die du in uns als Individuen und als Paar hineingelegt hast. Amen.

46. 1+1=1

> Darum wird ein Mann seinen Vater und seine Mutter verlassen und seiner Frau anhangen, und sie werden sein ein Fleisch.
>
> 1. Mose 2,24 (LUT)

1 + 1 = 1? Nein, das ist doch nicht richtig. Es ergibt doch zwei! Ganz eindeutig. Das weiß schon jedes Kind. Das entspricht einer mathematischen Grundregel. Doch wie soll aus zwei Personen dann plötzlich eins werden? Das ist doch eigentlich gar nicht möglich.

In der jungen Ehe treffen zwei Individuen aufeinander. Zwei Personen mit unterschiedlichen Lebensgeschichten, unterschiedlichen Werten, Vorlieben, Interessen, unterschiedlichen Gewohnheiten, Prägungen, Temperamenten, Persönlichkeiten, usw. Die Liste ist unendlich. Und diese zwei Personen sollen nun plötzlich eins sein? Das übersteigt eigentlich jeglichen Verstand.

»Eine Ehe besteht aus zwei völlig fremden Personen!« So lautete anfangs meine Bilanz. Und dabei waren wir uns gar nicht mehr ganz so fremd, denn wir waren schon einige Jahre zusammen. Doch diese Feststellung war mir erst einmal eine große Hilfe. Es führte mir vor Augen, in welcher Situation wir da gerade steckten und warum es an manchen Stellen Reibungspunkte gab. Es ist nicht selbstverständlich, dass alles auf Anhieb funktioniert. Doch das braucht es auch nicht, denn dass zwei Menschen eins werden ist eigentlich ein großes Wunder.

Wie gut, dass in 1. Mose 2,24 daher auch nicht die Rede davon ist, dass beide ein Fleisch *sind*, sondern dass beide ein Fleisch *werden*. *Eins zu werden* bezeichnet einen Prozess. Es gibt die Zielrichtung an. Wir beide entscheiden uns heute, dass wir das Ziel haben, eins zu werden. Doch dafür brauchen wir Zeit. Wir dürfen barmherzig und geduldig mit uns umgehen. Denn Beziehung funktioniert nicht auf Knopfdruck. Beziehung ist organisch, sie darf wachsen, denn sie ist lebendig.

Wir dürfen uns als Ehepaar gemeinsam auf den Weg machen, einander zu verstehen und wahrzunehmen. Es ist wie eine Entdeckungsreise, auf die wir uns begeben und die nicht endet. Denn unsere Ehe ist dann am gefährdetsten, wenn wir glauben, den anderen durch und durch zu kennen. Doch wenn wir den anderen immer wieder erwartungsvoll und liebevoll verstehen wollen, wächst Intimität: Was ist unserem Gegenüber eigentlich wichtig? Was sind seine Gewohnheiten? Was sind seine Vorlieben?

Eins zu werden ist dabei ganzheitlich zu verstehen. Es bezieht sich auf unsere Persönlichkeit, aber auch auf unsere Körperlichkeit. Beides darf in einem guten Gleichgewicht zueinander wachsen. Auch in unserer Sexualität dürfen wir miteinander auf Entdeckungsreise gehen: Was ist für meinen Partner schön? Was tut dem anderen gut?

Die lustigsten Momente sind für mich immer die Momente, in denen wir entdecken, dass der andere wirklich komplett anders tickt. Während ich es brauche, dass mein Mann mich im Alltag liebevoll in den Arm nimmt und mich zärtlich küsst, braucht er es, dass ich ihm zeige, dass ich ihn körperlich begehre. Automatisch begegnete ich Holger auf die Weise, die mir guttat, und schenkte ihm zärtliche Umarmungen und Küssen, doch das frustrierte ihn auf Dauer.

Eins zu werden ist ein Prozess. Unsere Sexualität ist dabei ein sensibler Indikator für unsere gesamte Intimität. Wir dürfen uns Zeit lassen und uns geduldig miteinander auf den Weg machen.

Letztendlich ist es aber doch immer ein Wunder, wenn die Gleichung $1 + 1 = 1$ aufgeht. Das Einzige, was diese Gleichung möglich macht, ist die Liebe. Die Liebe kann verbinden, was unmöglich erscheint. Sie kann überwinden, was unüberwindbar wirkt. Gott ist die Liebe (vgl. 1. Johannes 4,16). Er kann in unserer Ehe Einheit schenken, und zwar weit über unser Verstehen hinaus. Und er kann es in uns bewirken, dass wir als zwei unterschiedliche Menschen irgendwann doch eins sein werden. Er segne euch dabei.

Anregungen für das Gespräch

- Wo erlebt ihr euch als unterschiedlich?
- An welchen Punkten wollt ihr barmherzig und geduldig miteinander werden?
- Was hilft euch, um darin zu wachsen, *eins zu werden*?

Einladung zum Gebet

Jesus Christus, wir danken dir, dass du aus $1 + 1 = 1$ machen kannst. Wir kommen als zwei unterschiedliche Menschen zusammen. Du weißt, an welchen Stellen uns das herausfordert. Aber wir möchten uns darauf einlassen, dass wir in unserer Ehe eins werden. Du kannst das in uns bewirken, Jesus. Hilf du uns dabei mit deiner großen Liebe. Amen.

47. Meine Mauer

> Ich bin wie eine Mauer und meine Brüste sind wie Türme.
> Doch ihm habe ich mich gezeigt und Frieden gefunden.
> Hohelied 8,10

»Ich bin wie eine Mauer.« So hätte Holger mich vielleicht auch bezeichnet, als wir uns anfangs kennenlernten. Vor unserer Ehe hatte ich einige Jahre lang eine Beziehung, aus der ich mit einigen Verletzungen herausgegangen bin. Mein Herz war verwundet und ich hatte unbewusst eine Mauer drum herumgezogen.

Für Holger war das manchmal ziemlich schwierig: »Ich habe keine Lust, etwas auszubaden, was jemand anderes in dir angerichtet hat.« Dieser Satz traf bei mir ins Schwarze. Er öffnete mir die Augen. Was tue ich hier eigentlich? Möchte ich Holger weiterhin gegen so manche Herzensmauer rennen lassen? Möchte ich mein Herz weiterhin verschlossen halten aus Angst, erneut verletzt zu werden? Eigentlich quälten mich diese Mauer selbst und ich hatte Sehnsucht danach, sie endlich einzureißen.

Unsere Herzensmauern hindern uns daran, einander wahrhaftig nahezukommen. Dabei können diese Mauern aus unterschiedlichen Gründen entstehen. In meinem Fall waren es Verletzungen aus einer alten Beziehung, die mein Herz ummauerten. Solche Mauern entstehen aber auch aus vielen anderen Gründen: Vielleicht, weil der Partner uns nicht wirklich versteht oder wir Bedürfnisse haben, die ungesehen bleiben. Vielleicht aber auch, weil wir es nicht wagen, wahrhaftig voreinander zu sein. Oder aus Angst heraus, dass das, was in unserem Herzen ist, uns viel zu sensibel und schwach erscheint. Aus solchen Gründen machen wir dicht und lassen den anderen außen vor.

Das traurige Ergebnis ist jedoch, dass wir damit gleichzeitig verhindern, unserem Partner wahrhaftig nahe sein zu können. Wir halten manches vor unserem Partner verborgen. Auf diese Weise kann es für ihn immer schwieriger werden, uns tatsächlich hinter unserer Mauer wahrzunehmen.

Der Text aus Hohelied 8 ermutigt uns, hinter unserer Mauer hervorzutreten: »Ihm habe ich mich gezeigt« (V. 10). Wir werden eingeladen, uns unserem Partner zu zeigen. Wir dürfen hinter unserer Mauer hervorkommen und brauchen uns nicht länger dahinter zu verstecken. Auf diese Weise machen wir es unserem Partner erst möglich, uns zu sehen. Er darf uns in unserer Verletzlichkeit und unserer Bedürftigkeit wahrnehmen. Das ist eine wichtige Grundlage, die es dem anderen erst ermöglicht, uns zu verstehen und wahrhaftig zu erkennen.

Doch das geht nicht ganz so einfach. Es braucht Zeit und vor allem braucht es Vertrauen. Denn, wenn wir hinter unserer Mauer hervorkommen, machen wir uns verletzlich. In diesen Momenten sind wir schwach. Und genau dann brauchen wir ein Gegenüber, das sehr feinfühlig und verständnisvoll mit unserer Verletzlichkeit umgeht.

Holger und ich haben damals ein Zeichen vereinbart, das dem anderen deutlich macht: »Achtung, nun zeige ich mich verletzlich!« Immer wenn jemand etwas sehr Persönliches von sich preisgeben wollte, hat er seine Hand gehoben. Das wiederum hat dem anderen geholfen. Er wusste: Nun braucht mein Partner meine volle Aufmerksamkeit und meine Sicherheit. Dieses Zeichen war für uns anfangs eine gute Hilfe. Später wurde sie überflüssig, weil wir uns dadurch immer besser verstehen konnten.

Ich habe damals entschieden, dass ich mich Holger zeigen möchte. Mein Versteckspiel machte mich unglücklich. Ich hatte Sehnsucht danach, ihm wahrhaftig nahe zu sein. Und ich wusste, das ging nur, wenn ich hinter meiner Mauer hervortrete. Ich wollte gesehen sein, doch das war nur möglich, wenn ich anfing, mich zu zeigen. Ich habe in Holger einen sehr vertrauenswürdigen und sensiblen Ehemann, der mich darin ermutigte, mich immer mehr zu öffnen. Und plötzlich war eine ganz zarte und tiefe Intimität möglich, die weit mehr als nur eine körperliche Intimität umfasste. Endlich konnten wir einander begegnen: Herz an Herz. Darin habe ich »Frieden gefunden« (V. 10).

Anregungen für das Gespräch

- Kennt ihr solche Mauern in eurer Beziehung?
- An welchen Punkten ist es an der Zeit, dass ihr euch eurem Partner (wieder) neu zeigt?
- Was würde euch helfen, eure Mauern zu überwinden? Wie müsste euer Partner sich verhalten, damit ihr euch traut, euch aus der Deckung zu wagen?

Einladung zum Gebet

Jesus Christus, du weißt, wie schnell wir Mauern um uns herum aufrichten. Wir verschließen unser Innerstes mit Schutzwällen. Doch das hindert uns daran, als Ehepaar Nähe aufzubauen. Es ist sehr schwierig, hinter diesen Mauern hervorzutreten und uns einander wahrhaftig zu zeigen. Bitte hilf uns dabei, dass wir in unserer Beziehung eine gute Grundlage legen, damit wir immer wieder ermutigt werden, uns einander so zu zeigen, wie wir sind und fühlen. Hilf du uns dabei, gerade auch dann, wenn wir es beide einmal nicht aus uns selbst heraus können. Amen.

Was

48. One day, baby, we'll be old

> Ach, dass er mich küsse mit den Küssen seines Mundes, denn deine Liebe ist köstlicher als Wein. Der Duft deiner Salben ist betörend, dein Name ist wie feinstes Öl. Darum lieben dich die Mädchen!
>
> Hohelied 1,2–3

Ich denke, ihr würdet eure Liebe nicht so geschwollen ausdrücken. Vielleicht eher so:

> Ich schließe meine Augen und denke an deinen letzten Kuss. Es kribbelt noch immer im ganzen Körper. So ein Gefühl kannte ich bisher nicht. Nicht einmal nach dem leckersten Prosecco. Wenn ich irgendwo dein Aftershave rieche, raubt es mir fast den Atem. Ich bekomme Herzrasen, wenn ich deinen Namen höre. Darum stehen andere Frauen auch so auf dich. Und ich erst recht!

Und nun schließt das Buch! Küsst euch! Lasst es kribbeln! Genießt euch! Freut euch aneinander! Der Herr hat es euch geschenkt und segne euch nun! Amen!

Na gut, wenn ihr wirklich weiterlesen möchtet. Sagt aber später nicht, ich hätte es euch nicht angeboten. Aber küssen dürft ihr euch gerne trotzdem!

Um ehrlich zu sein: Ich liebe diese Texte. Ich finde es genial, dass diese Leidenschaft und Romantik, diese Schmetterlinge-im-Bauch-Gefühle es wert sind, in der Bibel zu stehen – in Gottes Wort! Wie krass ist das denn? Ihm scheint es so wichtig zu sein, dass er diesem Thema ein ganzes biblisches Buch widmet. Ist das nicht wunderbar?!

Verliebtsein ist ein Geschenk, das Gott in uns hineingelegt hat. Er, unser Schöpfer, hat auch dieses unvergleichliche Hochgefühl in uns geschaffen. Diese atemraubenden Spannungen zwischen uns, die

Herzrasen verursachen, sind ein Geschenk, das wir genießen dürfen. Auf diese Weise erhalten wir eine kleine Ahnung davon, was Gott gedachte Liebe *auch* bedeutet. Denn diese Liebe ist *auch* Gefühl. Liebe ist *auch* Hochgenuss.

Und genau dazu seid ihr gerade jetzt – am Anfang eurer Beziehung – eingeladen. Ihr dürft Liebe genießen: Liebe, die euch *betrunken* macht vor Glück; die euch und eure Beziehung lebendig macht; die eure Leidenschaft füreinander weckt. Ihr dürft gemeinsam eure Verliebtheit genießen! Erzählt euch doch einmal von den besonderen Momenten, die in euch ein Kribbeln verursachen.

Denn jetzt ist diese Zeit. Heute dürft ihr euch neu eure Verliebtheit mitteilen! Genießt euch! Die Zeit, die ihr gerade erlebt, kommt nie wieder. Um es mit Julia Engelmann und Asaf Avidan zu sagen: »Eines Tages, Baby, werden wir alt sein, oh Baby, werden wir alt sein und an all die Geschichten denken, die wir hätten erzählen können.« Nehmt euch in dieser Woche Zeit, *Geschichten zu schreiben*, an die ihr euch irgendwann einmal fröhlich erinnern könnt, vielleicht genau dann, wenn es nicht so einfach zwischen euch ist.

Verliebtsein ist etwas, das Gott in uns gelegt hat, und wir dürfen dieses Hochgefühl genießen. Und das Besondere daran ist letztendlich: Gott selbst kennt dieses Hochgefühl. Er als der Schöpfer dieser Gefühle, kennt sie selbst, denn er ist ja die Liebe! Und ich stelle mir vor, dass er das *auch* empfindet, wenn er an uns – seine geliebten Menschen – denkt. Seine Liebe zu uns ist auch leidenschaftlich. Sie ist auch gefühlvoll und atemraubend. Im Buch Hosea wird die Beziehung zwischen Gott und seinem Volk mit der Ehe verglichen. Das, was ihr gerade miteinander erlebt, gibt euch eine Ahnung von dem, wie sehr Gott euch liebt. Seine Sehnsucht nach euch ist herzzerreißend. Er sehnt sich danach, mit euch beiden Zeit zu verbringen.

Vielleicht würde der Text aus Hohelied – von ihm aus gesehen – so klingen: »Ach, dass sie mir begegnen, sich von mir berühren lassen. Ich denke an unsere letzte herzensnahe Begegnung. Es kribbelt immer noch in mir, wenn ich an unsere gemeinsame Zeit denke. Euer Duft ist mir so lieb und vertraut. Allein der Gedanke an euch macht mich fröhlich, weil ich euch so sehr liebe!«

Anregungen für das Gespräch

- Könnt ihr euch noch an euren ersten gemeinsamen Kuss erinnern?
- Kennt ihr noch diese Gefühle des Verliebtseins? Wie fühlt es sich an?
- Was hilft euch, diese Gefühle des Verliebtseins immer wieder neu in euch zu wecken?
- Wo könnt ihr in dieser Woche gemeinsame Erinnerungen für die Zukunft schaffen?

Einladung zum Gebet

Jesus Christus, danke, dass du uns diese Gefühle des Verliebtseins schenkst. Danke, dass wir das gemeinsam so erleben dürfen. Danke, dass wir uns gegenseitig darin so genießen können. Das ist wirklich ein Geschenk. Schenke uns Gelegenheiten im Alltag, gemeinsame Erinnerungen zu schaffen. Hilf uns dabei, dass wir uns immer wieder an das erinnern, was uns am anderen fasziniert und begeistert. Amen.

49. Let's talk about Sex

Der Start in die Ehe war für mich – was den Sex betrifft – ein Volltreffer. In den ersten Wochen hatten wir fast täglich Sex. Wow! Was für ein Einstand! Aber irgendwie blieb das nicht so. Nach einiger Zeit kam der Alltag dazu. Hier mal eine kleine berufliche Herausforderung, dort eine kleine Krankheit und schon war es vorbei mit dem täglichen Vergnügen. Nach einigen Monaten schien es mir so, als ob uns die Realität eingeholt hätte: Das Sexleben entfaltete sich in der Ehe jedenfalls nicht automatisch. Nach den Flitterwochen mussten wir unsere gemeinsamen Bedürfnisse klären: »Wie oft wollen wir eigentlich miteinander schlafen? Was gefällt uns?« Weitere Fragen kamen hinzu wie: »Wie können wir das in unser normales Leben integrieren? Wie können wir unseren unterschiedlichen Bedürfnissen gerecht werden?« Der eine liebt die Nähe eher morgens, der andere abends. Der eine, weil der Konflikt geklärt ist, und der andere, damit er geklärt werden kann. Für den einen ist Sex Entspannung, für den anderen eher eine Energieinvestition. Es ist gar nicht so leicht, die unterschiedlichen Bedürfnisse zu berücksichtigen. Interessant ist, was die Bibel dazu sagt:

> Doch weil es so viel Unzucht gibt, sollte jeder Mann seine Frau haben und jede Frau ihren Mann. Der Ehemann soll sich seiner Frau nicht entziehen; dasselbe gilt für die Ehefrau ihrem Mann gegenüber. Die Ehefrau gibt ihrem Mann das Recht über ihren Körper, und ebenso gibt der Ehemann seiner Frau das Recht über seinen Körper. Keiner soll sich dem anderen verweigern, es sei denn, beide Ehepartner beschließen übereinstimmend, sich für eine begrenzte Zeit sexuell zu enthalten, um sich noch intensiver dem Gebet widmen zu können. Danach kommt wieder zusammen, damit euch der Satan nicht in Versuchung führt, weil ihr euch nicht beherrschen könnt. Das ist aber nur eine Empfehlung von mir, kein Gebot.
>
> **1. Korinther 7,2-6**

Die Bibel ist an dieser Stelle sehr praktisch und offen. Und das finde ich gut. Paulus sagt, wenn man es aufs Heute überträgt: »Wenn ihr sexuelle Bedürfnisse habt, dann lebt sie aus. Bevor ihr euch mit Prostituierten befriedigt oder Pornofilme konsumiert, ist es besser, miteinander Sex zu haben. Enthaltsamkeit ist gut, aber nur, wenn ihr beide stattdessen beten wollt.«

Leider wird genau diese Stelle, die zu einem fröhlichen Miteinander einlädt, immer wieder für den Zwang zum gemeinsame Sex missbraucht. Nach dem Motto: »Siehst du, du darfst dich nicht dem Sex entziehen. Ich will jetzt mit dir schlafen, also musst du das auch wollen.« Aber das steht da gar nicht.

Paulus geht im 1. Korintherbrief auf konkrete Fragen ein, die ihm gestellt werden. Ich kann mir vorstellen, dass es in der Gemeinde auch junge Ehepaare gab, die Fragen zur Sexualität in der Ehe hatten. Sie sagten vielleicht zu ihm: »Hey Paulus, hast du eine Ahnung, wie viel Sex in der Ehe gut ist?« Paulus geht hier sehr sensibel darauf ein und macht zudem klar, dass seine Gedanken von ihm kommen und keine Gesetze sind.

Paulus gibt keine konkrete Antwort auf die Frage nach der Häufigkeit. Die ist jedem Paar selbst überlassen. Er vermittelt vielmehr seine Grundidee von einer erfüllten Sexualität: »Liebe Leute, es kommt nicht auf die Häufigkeit an. Miteinander intim werden bedeutet, sich dem anderen hinzugeben. Sexualität ist vom Grundsatz her auf den anderen ausgerichtet. So gelingt Hingabe und die macht den Sex aufregend. Zudem schützt dies auch vor Missbrauch. Nicht meine Bedürfnisse stehen im Mittelpunkt, sondern meine Hingabe. Das braucht Vertrauen und Offenheit.«

Eine Grundlage für ein erfülltes Sexleben ist die gegenseitige Hingabe. Wir geben uns gegenseitig hin und beschenken uns gegenseitig mit dem, wie wir sind, und dem, was dem anderen gefällt. Im Vordergrund steht nicht nur meine Befriedigung, sondern die des anderen. Und mit dem mache ich nicht, was ich will, sondern was ihm guttut.

Dazu muss ich erst mal wissen: Was für Sehnsüchte und Wünsche hat der andere? Wie oft würde meine Partnerin mir gerne nahe sein? Was gefällt unserem Partner? Worüber würde der andere sich freuen?

Was sind seine Leidenschaften und Fantasien? Das muss ich erfragen und auch erfahren beziehungsweise austesten.

Wo wir miteinander unsere Sexualität in diesem gegenseitigen Geben und Nehmen genießen können, da wird das Miteinander zu einem Fest, bei dem sich beide wohlfühlen.

Anregungen für das Gespräch

- Redet ihr eurer Meinung nach genügend über Sex, eure Bedürfnisse, Ängste und Sehnsüchte?
- Seid ihr mit eurem gemeinsamen Sexleben zufrieden?
- Wenn ihr nicht zufrieden seid, was würdet ihr gerne ändern?

Einladung zum Gebet

Danke, Gott, für die Gabe der Sexualität. Das ist ein wirklich gutes Geschenk und eine super Idee von dir. Lass uns immer mehr entdecken und erleben, was gut für uns ist, und uns miteinander auf den Weg machen, herauszufinden, womit wir einander beschenken können. Hilf uns dabei. Amen.

50. Ich liebe Sex

> Meine Prinzessin, wie schön sind deine Füße in den Sandalen! Die Rundungen deiner Hüften sind wie ein Halsgeschmeide, ein Werk aus Künstlerhand. Dein Schoß gleicht einem runden Kelch, der stets mit edlem Wein gefüllt ist. Dein Bauch ist golden wie Weizen, von Lilien umkränzt. Deine Brüste sind wie junge Zwillinge einer Gazelle. Dein Hals gleicht einem Turm aus Elfenbein, und deine Augen sind wie die Teiche von Heschbon am Bat-Rabbim-Tor. Deine Nase ist wie der Libanonturm, der nach Damaskus blickt. Dein Kopf ist schön und majestätisch wie das Karmelgebirge. Dein Haar schimmert wie Purpur, deine Locken können einen König fesseln. Wie schön und bezaubernd du bist, meine Liebste! Du bist mein ganzes Glück. Deine Gestalt gleicht einer hohen Dattelpalme, und deine Brüste sind wie ihre Früchte. Ich sagte mir: Ich will auf die Palme steigen und nach ihren reifen Früchten greifen. Freuen will ich mich an deinen Brüsten, die den Trauben am Weinstock gleichen. Deinen Atem will ich trinken, der wie frische Äpfel duftet.
>
> **Hohelied 7,2–9 (HFA)**

»Männer muss man nicht verstehen. Nur ihnen ab und zu sagen, wie toll sie sind, und sich dann nackig auf sie setzen.« Das ist einer von diesen klischeehaften Sprüchen, über den ich letztens im Internet gestolpert bin. Manche regen sich über so etwas auf. Ich finde das einfach nur witzig und denke mir still: »Ja, genau, so ist das. So schlicht und einfach können wir Männer sein.«

Anfangs habe ich mich vor meiner Frau geschämt, solche Gedanken zu haben. Es klingt für mich nach einem *triebgesteuerten Wesen*, aber das will ich nicht sein – und das bin ich auch nicht. Ich bin nicht einer von denen, *die nur das Eine wollen*. Dennoch erlebe ich uns Männer in unserer Sexualität eher in dieser einfachen Art. Frauen scheinen da anders zu ticken. Was ist denn nun *richtig*?

Ich bin froh, dass wir schon in der Bibel solche Texte finden, in denen sich der Mann einfach an der Erotik der Frau berauscht. Der junge Mann beschreibt seine Geliebte in einer poetischen, aber doch sehr direkten Sprache. In dem Text kann ich das Verlangen und die Leidenschaft, die dieses Liebespaar aus Hohelied 7 füreinander hegt, regelrecht nachempfinden. Ich mag so etwas.

Wer sich auf die Gedichte des Buches Hohelied einlässt, der wird feststellen, dass es nicht nur die Männer sind, die einen Sinn für Erotik haben. Beide Partner offenbaren in dem Buch ihr Verlangen voreinander. Die Erotik ist also keine einseitige Sache. Nicht nur Männer berauschen sich an den Frauen, sondern die Frauen berauschen sich auch an den Männern. Das klingt ganz normal und einfach. In unserer Ehe war das für mich aber eine neue Entdeckung, dass auch meine Frau einen Zugang zur Erotik hat. Lange Zeit hatte ich das nicht so gesehen und musste lernen, dass dieser nur anders aussieht.

Kurz zusammengefasst sieht das dann ungefähr so aus: Männer kommen eher über den Sex zu romantischen Gefühlen. Etwas schlicht ausgedrückt: Am Anfang steht die nackte Frau, die Erotik, die Erektion und der Sex. Danach ist Zeit zum Reden, für Zärtlichkeit und alles andere.

Bei Frauen ist es häufiger andersherum: Sexualität und Erotik beginnt mit Romantik. Zuerst eine positive Atmosphäre, schöne Gespräche, viel Nähe und viel Zeit, dann zarte, indirekte Berührungen oder weitere Andeutungen. Am Ende kann es dann übergehen zum Sex.

Sicherlich sind das nur Umschreibungen und Tendenzen, die bei jedem Paar anders aussehen. Aber mir hat das geholfen, meine Gefühle zu begreifen und gleichzeitig meine Frau zu verstehen. Es ist nichts Verwerfliches daran, die Erotik und die Sexualität an den Beginn eines gemeinsamen Abends oder einer gemeinsamen Zeit zu stellen.

Wir dürfen uns an der Schönheit und Körperlichkeit freuen. Wir dürfen Lust und Erotik feiern und genießen und alle Gefühle, die damit zusammenhängen. Wir dürfen aber auch unsere unterschiedlichen Zugänge zur Sexualität wahrnehmen und berücksichtigen lernen. Das schafft eine Schönheit und einen Reichtum in unserer Sexualität, woran auch Gott seine Freude hat.

Anregungen für das Gespräch

- Wie leicht fällt es euch, die Bedürfnisse eures Partners wahrzunehmen?
- Was braucht ihr persönlich, damit ihr offen für Erotik werdet? Weiß euer Partner / eure Partnerin das?
- Wie könnt ihr zusammen besser eine gute Atmosphäre für Sex und Erotik schaffen?

Einladung zum Gebet

Jesus, danke, dass wir unterschiedlich sind – auch in unserer Sexualität. Danke, dass wir unsere Sehnsüchte und Leidenschaften miteinander teilen können und uns in unserer unterschiedlichen Art bereichern dürfen. Hilf uns, dies immer mehr auch als Bereicherung zu erleben. Danke, dass du unser Sexualleben segnen willst. Amen.

51. Money, money, money …

»Komm, ich lad dich in das Luxushotel ein.« Wow, das ist aber toll. Meine Freundin muss echt Kohle haben, wenn sie so etwas macht, dachte ich. Dann lernten wir uns näher kennen und ich merkte: Die hat nicht unbedingt mehr Geld, sondern die hat einfach einen anderen Umgang damit.

Kaum ein Thema kann so viel Unruhe in eine Ehe bringen wie der Umgang mit Geld. Dabei spielt es keine Rolle, ob man viel hat oder wenig, der Umgang und der Zugang sind entscheidend. Hier wird besonders die Prägung deutlich, aus der wir kommen: Welchen Wert hat Geld für uns? Und wie wurde in der Herkunftsfamilie damit umgegangen? Haben wir in den Herkunftsfamilien darüber gesprochen? Oder war das ein Thema, über das man nicht spricht – etwa, weil man generell über Geld nicht spricht.

In der Bibel geht es häufig um das Thema Geld: Zum einen wird Reichtum als Segen angesehen, zum anderen warnt die Bibel aber auch vor den Gefahren des Reichtums:

> Da rief einer aus der Menge: »Meister, sag doch meinem Bruder, dass er das väterliche Erbe mit mir teilen soll.« Jesus erwiderte: »Wer hat mich zum Richter über euch gemacht, um in solchen Dingen zu entscheiden?« Und er fuhr fort: »Nehmt euch in Acht! Begehrt nicht das, was ihr nicht habt. Das wahre Leben wird nicht daran gemessen, wie viel wir besitzen.« Und er gab ihnen folgendes Gleichnis: »Ein wohlhabender Mann besaß einen großen Hof mit Äckern, die reiche Ernten brachten, so viel, dass seine Scheunen die Erträge nicht fassen konnten. Da sagte er sich: ›Ich weiß, was ich mache! Ich werde meine Scheunen abreißen und größere bauen. Auf diese Weise habe ich genug Platz, um alles zu lagern. Und dann werde ich mich zurücklehnen und mir sagen: Mein Freund, du hast für Jahre genug eingelagert. Genieße das Leben. Iss,

trink und sei fröhlich!‹ Aber Gott sagte zu ihm: ›Wie dumm von dir! Du wirst noch heute Nacht sterben. Und wer wird dann das alles bekommen?‹ Ihr seht, wie dumm es ist, auf der Erde Reichtümer anzuhäufen und dabei nicht nach Reichtum bei Gott zu fragen.«

Lukas 12,13–21

Geld kann immer wieder für Streit sorgen. Warum ist das so? Weil das Thema eine Macht hat, die oft unterschätzt wird. Der Mensch in der Erzählung aus Lukas 12 macht aber eines richtig, denn er kommt mit seinem Anliegen zu Jesus: »Jesus, hilf uns beim Thema Geld.«

Jesus weiß, wie sehr das Thema Geld uns beherrschen kann und warnt vor der zerstörerischen Macht des Geldes: »Hört auf, immer mehr haben zu wollen. Hört auf, euch von dieser Dynamik des Besitzes mitreißen zu lassen, denn sie hat kein Ende – bis zu eurem Tod!« Manche Ehe, Karriere und Familienplanung fällt der Macht des Geldes zum Opfer. Jesus warnt uns eindringlich davor, dass wir unsere Augen nur auf das Erbe, den Verdienst und den Besitz richten. Gerade in unserer heutigen Zeit ist das umso schwerer, da wir so stark vom Konsumdenken bestimmt werden.

Stattdessen lädt uns Jesus ein, dass wir Reichtümer bei Gott anhäufen. Nanu, was bedeutet das? Sollen wir arm sein? Nein, das steht hier nicht. Jesus setzt dem Streben nach Geld nicht die Armut entgegen, sondern einen Reichtum, den wir bei Gott haben können. Was ist dieser Reichtum? Reichtum bei Gott anzuhäufen bedeutet, sich nicht von der Lüge des Geldes blenden zu lassen. Egal, wie hoch unser Kontostand ist: Wir sind keine Sklaven des Geldes, sondern Kinder Gottes, dem die ganze Welt gehört.

An sich sind Geld und Besitz nichts Schlechtes, schlecht ist die Macht, die sie über uns erlangen können. Das beginnt meist schon mit der Lüge: »Über Geld spricht man nicht!« Wer sagt das eigentlich? Es kann nur die Macht des Geldes sein. Sie will nicht zum Gesprächsthema werden, denn dann würde ihre zerstörerische Kraft offenbar. Genauso ist es in dem Gleichnis, das Jesus erzählt. Geld gaukelt uns vor, dass wir immer mehr davon haben müssen, damit wir glücklich sind. Aber vor Raffgier fehlt dem Mann im Gleichnis die Zeit zum Leben – und damit auch das Glück.

Darum seid ihr heute ganz besonders eingeladen, über dieses wichtige Thema ins Gespräch zu kommen und so auf ganz einfache Weise von der zerstörerischen Macht des Geldes frei zu werden.

Anregungen für das Gespräch

- Wie sind eure Familien mit Geld und Besitz umgegangen?
- Wie wollt ihr damit umgehen?
- Vertraut ihr euer Hab und Gut Gott an? Wenn nein, was hindert euch daran?
- Habt ihr einen Haushaltsplan? Kennt ihr die Kosten, die monatlich/jährlich auf euch zukommen?

Einladung zum Gebet

Jesus Christus, wir wollen uns nicht vom Konsumdenken beherrschen lassen. Schenke uns die Gabe, unser Geld sinnvoll und dankbar zu nutzen. Zeige uns, wo Geld oder Besitz eine Macht über uns ausüben, die sie nicht haben sollten, und mach uns davon frei. Amen.

52. Wenn die Gartenbank zur Prio Nr. 1 wird

Manchmal ist es gar nicht so leicht zu wissen, was einem wertvoll und wichtig ist. Vor einiger Zeit fragte mich meine Frau: »Wenn du morgen einen freien Tag hättest: Was würdest du tun? Wozu hättest du einfach mal Lust?« Ich dachte einen Moment nach. Ich wollte schon immer mal wieder einen Freund besuchen, der etwas weiter entfernt wohnt. Wenn man mich fragen würde, dann würde ich sagen: »Freundschaft ist mir ein hoher Wert.« Doch in diesem Moment sah ich unsere marode Gartenbank, die dringend mal wieder einen Anstrich brauchte. Und da hörte ich es aus mir heraussprudeln: »Ich würde am liebsten einfach die Gartenbank streichen.« Irgendwie erschrak ich selbst über diese banale Aussage, aber das war es, was mir in diesem Moment wichtig war.

Werte beeinflussen unsere Entscheidungen

Nun geht es mir gar nicht darum, zu bewerten, was besser ist: Eine Gartenbank zu streichen oder einen Freund zu besuchen. Aber mir hat es einmal mehr gezeigt: Werte sind nicht unbedingt das, was ich wertvoll nenne, sondern sie beeinflussen meine Entscheidungen. Wenn ich viel Zeit bei der Arbeit verbringe, dann scheint sie mir ein hoher Wert zu sein. Oder ich habe das Ziel, viel Geld zu verdienen oder in der Karriere voranzukommen, und verbringe daher viele Stunden in meinem Job. Nach außen hin sage ich vielleicht: »Naja, der Chef verlangt es so.« Aber in mir drin treiben mich meine Werte an. Wenn ich beispielsweise ständig Fußball im Fernsehen anschaue, dann ist mir das anscheinend viel wert. Jesus bringt es in der Bergpredigt in Matthäus 6,21 auf den Punkt:

> Denn wo dein Reichtum ist, da ist auch dein Herz.

Unsere Werte kennenlernen

Unsere Werte bestimmen unser Handeln und sind die Antreiber für das, was wir tun und lassen. Daher ist es ratsam, die eigenen Werte zu erkennen. Woher können wir wissen, was uns wichtig ist? Zum einen können wir einfach unser Handeln anschauen und uns fragen: »Warum mache ich das?« Die Antwort auf die Frage kann uns zu dem besagten Antreiber führen. Zum anderen können wir uns einfache Fragen stellen. Bei mir war es die einfache Frage meiner Frau, die mich ins Nachdenken brachte.

Folgende Fragen haben mir auch schon geholfen: »Woran denke ich, wenn ich nichts denke? Mit welchen Gedanken kann ich genüsslich einschlafen? Welche Themen oder Aktionen halten mich wach und motivieren mich? Was würde ich mit 1 000 000 Euro machen, wenn ich sie geschenkt bekäme?«

Als Ehepaar ist uns im Laufe der Zeit immer deutlicher geworden, was für uns wertvoll ist. Ganz selbstverständlich sparen wir das ganze Jahr für einen gemeinsamen, zweiwöchigen Urlaub. Das kostet einiges, aber das ist es uns wert, weil uns diese intensive Zeit zu zweit guttut. Weniger wichtig ist uns die Wohnungseinrichtung. Wir wollen zwar angemessen leben, aber dafür investieren wir vergleichsweise wenig Zeit und Geld. Es hat nicht so einen großen Wert für uns.

In die richtigen Werte investieren

In der Bergpredigt fordert uns Jesus nicht nur heraus, über unsere Werte nachzudenken, sondern ihnen auch einen passenden Stellenwert zu geben:

> Sammelt keine Reichtümer hier auf der Erde an, wo Motten oder Rost sie zerfressen oder Diebe einbrechen und sie stehlen können. Sammelt eure Reichtümer im Himmel, wo sie weder von Motten noch von Rost zerfressen werden und vor Dieben sicher sind.
> **Matthäus 6,19–20**

Mit Blick auf unser recht kurzes Leben hier auf dieser Welt schenkt Jesus uns den Blick auf die Ewigkeit. Wenn wir über Werte nachdenken, dürfen wir diese Perspektive mit in den Blick nehmen. Wir haben gemerkt, dass uns die Jesus-Perspektive in unserer Ehe am meisten geprägt hat. Sie ist uns wertvoll geworden. Dort finden wir unser Herz wieder. Und die Ehe ist eine tolle Chance, dass wir uns gemeinsam mit unseren Werten beschäftigen und uns darin von Jesus hinterfragen lassen. Und dann dürfen wir uns gegenseitig erzählen, was wir so machen und was uns bewegt. Denn in alldem wird deutlich, wo wir unser Herz verloren haben und was uns wertvoll ist.

Bei mir war es damals die Gartenbank. Das hat mich etwas stutzig gemacht. Doch ich weiß: Durch meinen Beruf als Pastor habe ich sehr viel mit Menschen zu tun. Das macht mir Spaß und ist ein hoher Wert für mich. Aber ich brauche auch noch einen Ausgleich. Daher liebe ich es, in den freien Momenten halt eher *etwas* zu schaffen, statt mit *jemandem* etwas zu unternehmen.

Anregungen für das Gespräch

- Was ist euch als Ehepaar wichtig? Wofür investiert ihr Geld und Zeit? Gibt es Diskrepanzen in eurem Leben zwischen dem, was euch wichtig ist, und dem, wofür ihr viel Zeit, Geld und Mühe investiert?
- Welchen Grund könnte es dafür geben?
- Wovon wünscht ihr euch, dass es euch in eurem Leben noch wichtiger wird? Was ist eure gemeinsame Sehnsucht?

Einladung zum Gebet

Lieber Gott, danke, dass wir durch die Beziehung zu dir einen unvergänglichen Schatz haben. Zeige uns, welche Dinge in unserem Leben es wert sind, dafür Zeit und Kraft zu investieren, und wo wir Reichtümer ansammeln, die letztlich keinen Wert haben. Lass uns erkennen, was dir für unser Leben auf dem Herzen liegt. Amen.

Anmerkungen

1 Mehr dazu auf der Webseite www.sunrise-online.de (zuletzt aufgerufen am 15.09.2018).

2 Ökumenische Fassung des Vaterunser, erarbeitet 1970/71 von der Arbeitsgemeinschaft für liturgische Texte (ALT).

3 Weitere Bibelstellen zu diesem Thema stehen in 1. Petrus 3,1-7; 1. Korinther 11,3 und in Kolosser 3,18-19.

4 Mehr zum Thema in Michael Winterhoff, Warum unsere Kinder Tyrannen werden: Oder: Die Abschaffung der Kindheit, Gütersloher Verlagshaus, Gütersloh 2008 und Michael Winterhoff, Die Wiederentdeckung der Kindheit: Wie wir unsere Kinder glücklich und lebenstüchtig machen, Gütersloher Verlagshaus, Gütersloh 2017.

5 Patrick M. Lencioni, Die drei Fragen des hektischen Familienlebens: Eine Leadership-Fabel über die wichtigste Organisation in unserem Leben, Wiley-VCH, Weinheim 2009.

2

Jörg Berger
Der Garten der Liebe
Anleitung zur blühenden Zweisamkeit

Die Liebe ist wie ein Garten: Sie ist wunderschön, will aber auch gepflegt und von Schädlingen freigehalten werden. Der erfahrene Paartherapeut Jörg Berger zeigt Ihnen, worauf es dabei ankommt und wie die Quellen des Glaubens Ihren Garten bewässern.

„Der Garten der Liebe" sammelt die besten Artikel des beliebten Family-Autors, die in den letzten Jahren erschienen sind, und enthält darüber hinaus neue Texte, Checklisten und Gesprächsanstöße. Entdecken Sie gemeinsam, was Ihre Liebe zum Blühen bringt!

Klappenbroschur, 13,5 x 21,5 cm, 208 S.
ISBN 978-3-7751-5829-9
Auch als E-Book e

Family

PARTNERSCHAFT GENIESSEN. FAMILIE GESTALTEN.

Impulse für die Ehe: Family bietet Grundlagen für starke Ehen und Praxistipps für das Leben zu zweit. Familienkompetenz: Eltern geben ihre Erfahrung weiter. Heiße Erziehungs-Themen werden diskutiert, Fragen beantwortet. Family lädt ein, Persönlichkeit zu entwickeln und als Familie und Paar mit Gott zu leben.

Ein Abonnement (6 Ausgaben im Jahr) erhalten Sie in Ihrer Buchhandlung oder unter:

www.bundes-verlag.net

Deutschland:
Tel.: 02302 93093-910
Fax: 02302 93093-689

Schweiz:
Tel.: 043 288 80-10
Fax: 043 288 80-11

www.family.de · www.family.ch

SCM
Bundes-Verlag